FRANKEN

Bildkommentare

Umschlag vorne:
Frankens Höhepunkt: Der Kreuzberg, *der heilige Berg der Franken, ist mit 928 Metern der höchste Gipfel der fränkischen Rhön. Weil Wallfahren Durst macht, brauen Franziskanermönche im Kloster auf dem Kreuzberg seit Jahrhunderten ein dunkles, außerordentlich süffiges Bier.*

Vorsatz vorne:
Mischung aus Weihrauch, Wasser und Wein: Frankens Vorzeigestadt Würzburg *von ihrer beeindruckendsten Seite. Hoch über der alten Mainbrücke liegt die Festung Marienberg, dahinter auf halber Höhe des Nikolausberges die von Balthasar Neumann entworfene Wallfahrtskirche mit dem wenig weihevollen Spitznamen Käppele.*

Frontispiz:
Aus der Zeit, als selbst Festungs-Architekten noch einen Sinn für Dekoration hatten: Fachwerk als Schmuckwerk am Rödelseer Tor in Iphofen. *Die Befestigungsanlage um das kleine unterfränkische Weinstädtchen stammt aus dem Spätmittelalter.*

Nach Seite 200:
An den alten Fachwerkhäusern, Scheunen und Bauernhöfen in der Hersbrucker Schweiz *nagt nicht nur der Zahn der Zeit. Die Denkmalschützer haben alle Hände voll zu tun, daß sich die fränkischen Land-Kleinodien nicht der Reihe nach in runderneuerte Spekulationsobjekte auflösen.*

Vorsatz hinten:
Klein, aber fein, wie fast alles in Franken: Einer der winzigen, noch nicht vollständig flurbereinigten Weinberge im Steigerwald *in der Nähe von Markt Einersheim.*

Umschlag hinten:
Siehe Legende zu Bild Seite 126 (auf Seite 116).

FRANKEN

Arnold Süssner (Fotos)
Klaus Schamberger (Text)

Reich Verlag

terra magica

Gestaltung:
Alfred und Daphné Schwegler
Lektorat: Erika Keil
Übersetzung des
englischsprachigen Textteils:
Edward A. Taylor
Bildredaktion: Walter Leberkern

Printed in Italy
Eurograph, Milano

ISBN 3-7243-0267-3

Die s/w-Abbildungen im
Textteil wurden uns
vom Germanischen Museum
Nürnberg zur Verfügung
gestellt, wofür der
Verlag herzlich dankt.

Fränkisches Land

Die Ergründung der gesamtfränkischen Seele, der Geografie und des Wetters hat schon ganze Heerscharen von Heimatforschern entweder zur Verzweiflung, in den Alkoholismus, die Heil- und Pflegeanstalt oder am Ende in die innere Emigration getrieben. Dabei ist Franken ganz einfach.

Wenn man es von oben, aus ungefähr 500 Metern Höhe betrachtet, präsentiert sich Franken als ein Durcheinander von Fabrikschlöten, roten Dachziegeln, schwarzen Schieferschindeln, Jurakalkplatten und Grünspan, als ein Wechselspiel von Wald und Waldsterben, von Tiefen und Höhen, Heilbädern und Smogkurorten, von vielen Flüssen und eineinhalb Kanälen. Und mitten darin, ein Strich wie von einem fetten Filzstift gezogen: die Grenze zu Bayern, zu dem Franken politisch gehört.

Die Einteilung in Mittelfranken, Oberfranken und Unterfranken ist sehr gut zu erkennen. Es handelt sich dabei um eine sehr sinnvolle Einteilung. Unterfranken ist auf der Landkarte oben, Mittelfranken liegt ganz unten und Oberfranken befindet sich ungefähr in der Mitte von Franken. Aus vielleicht 1000 Metern Höhe betrachtet ist Franken ungefähr ein Dreieck. Ein Eck ist Aschaffenburg (im Westen), ein Eck ist Hof (im Osten) und das dritte Eck im Süden befindet sich bei Treuchtlingen.

Franken grenzt an die Hoheitsgebiete von Baden-Württemberg, Hessen, Thüringen, Sachsen (beziehungsweise bis 1990 der DDR), der Tschechoslowakischen nicht mehr sozialistischen Republik und im Süden grenzt es neben der Oberpfalz und Schwaben wie schon erwähnt an das ebenfalls nicht sozialistische Bayern, beziehungsweise Oberbayern.

Aus ungefähr 10000 Metern Höhe betrachtet stellt sich uns Franken in seiner greifbarsten Form dar, nämlich als ein Punkt in der Größe von einem Muckenschiß. Ab 20000 Metern Höhe stellt sich Franken als Nichts dar. So kann man davon ausgehen, daß die berühmten Söhne und Töchter Frankens wie etwa der legendäre Freiheitskämpfer Karl Wittmann, die Nürnberger Marktfrau Gunda Herbst, Albrecht Dürer, Jean Paul, Adam Riese, Wolfram von Eschenbach, Balthasar Neumann, der Romancier Füllmann Riemenschreiber und viele andere im Himmel einsitzende fränkische Geisteswissenschaftler ihr Frankenland wegen der zu hohen Höhe zwischen Himmel und Franken, beziehungsweise der zu großen Kleine des Landes, gar nicht mehr sehen können.

Die größte Stadt in Franken ist Nürnberg, eine Hauptstadt gibt es nicht, sondern deren drei. Nämlich Ansbach (Mittelfranken), Bayreuth (Oberfranken) und Würzburg (Unterfranken).

Ganz entschieden und unzweifelhaft ist die schönste Stadt Frankens, je nachdem, wo man wohnt: Weißenburg, Neustadt an der Aisch, Kitzingen, Würzburg, Miltenberg, Aschaffenburg, Bad Kissingen, Haßfurt, Schweinfurt, Nürnberg, Fürth, Coburg, Bamberg, Lichtenfels, Kronach, Kulmbach, Wunsiedel, Bayreuth, Erlangen, Schwabach, Lauf, Roth oder Betzenstein.

Auf diese Städte kommen wir im einzelnen noch zurück, ebenso auf die Sehens-, Essens- und Trinkwürdigkeiten, auf weitere berühmte Persönlichkeiten, auf Gebräuche, Sitten und Sittenstrolche, auf landschaftliche Besonderheiten wie etwa die Schuttberge rund um Nürnberg und auf die Sprache.

Die Amtsprache in Franken ist Deutsch, die Umgangssprache Fränkisch. Fränkisch besteht aber aus ungefähr sechs- bis siebentausend Einzeldialekten. Einheitlich sind nur die Landesfarben: Im Gegensatz zum gesamtbayerischen weißblau sind sie in Franken rot und weiß.

Rot und Weiß

Die Hudzlbirnbaam im Burchgroom bläiha
Hindern Schnebbergärddla bfeids in die Schleha
Zwaa Schboozn raffn ummer Schdiggla Broud
Und der Flieder is weiß und der Mond is roud.

Roud und Weiß, Weiß und Roud
Es ganze Leem hosd neer a Gscheiß
Und amend bisd aa blouß doud

Die Hudzlbern im Groom sin reif
Der Sandschdaadurm, der schäid schduugschdeif
Drund im Groom riird si nix, dou is leis
Der Wein werd roud und die Daum scheißn Weiß

Die Hudzlbern im Groom sin schdaahard
Der Schnäi hodd blouß nu affn Nordwind gwardd
A Schlurcher lichd in der Niischn drin: Doud
Die Dächer sin weiß und die Bluudschbuurn sin roud

Roud und Weiß, Weiß und Roud
Es ganze Leem hosd ner a Gscheiß
Und amend bisd aa blouß doud.

K.S.

Fränkische Geschichte

Der Franke, so steht es in einem stammeskundlichen Werk, hat verschiedene Eigenschaften, vor allem aber einen außerordentlich trockenen Humor. Was selbstverständlich sofort bohrende Fragen nach sich zieht: Was ist ein nasser Humor, wie schützt der Franke seinen trockenen Humor vor dem vielen fränkischen Regen (1000 Millimeter Niederschlag im Jahr durchschnittlich, die zahlreichen Niederschläge auf Volksfesten, Kirchweihen und Frühschoppen noch gar nicht gerechnet), und verfügt jeder der ungefähr vier Millionen Franken in dem dreieckigen Niemandsland zwischen Aschaffenburg, Hof und Treuchtlingen über so einen trockenen Humor, wo es beim Lachen anscheinend staubt?

Es kann leicht sein, daß die Repräsentanten des fränkischen Humors ihre Darbietung mit einer gewissen Trockenheit würzen. Es sind in den letzten zwei-, dreihundert Jahren allerdings keine Repräsentanten eines fränkischen Humors in Erscheinung getreten.

Auch wird in wissenschaftlichen Erörterungen von der Anpassungsfähigkeit fränkischer Menschen berichtet. Damit können nur diese Franken gemeint sein, die im Verlauf ihrer politischen Karriere wie die Zugvögel im Herbst, zu Beginn der neuen Legislaturperiode, auf der Autobahn nach Süden fahren und dann von München aus das gesamte bayerische Land regieren, inklusive Franken. Bei ihnen kann sogar von einer gewissen Stromlinienförmigkeit gesprochen werden, denn sie reden schon nach zwei Wochen fließend altbayerisch, jodeln akzentfrei, tragen einen Gamsbart und können es bis zum Regierungsrat bringen. Es sind Wanderer zwischen zwei Welten. Zu ihren Ehren hat man in München den Satz geprägt: Man muß Gott für alles danken, auch für einen Ober-, Mittel- oder Unterfranken.

In diese drei Bezirke hat die bayerische Freistaatsregierung das ihr sehr unheimliche Land oberhalb der Donau vorsichtshalber eingeteilt. Nicht daß die Franken nach den Vorzimmern plötzlich auch die Chef-Etagen in München besetzten. Obwohl fränkische Menschen für solche Handstreiche in der jüngeren Geschichte durchaus nicht bekannt sind und größere Umwälzungen fast ausschließlich daheim auf dem Sofa stattfinden, wenn sich der Herr des Hauses beim Fernsehschlaf von der einen Seite auf die andere wälzt.

In neuerer Zeit weiß man nur von einem einzigen fränkischen Freiheitskämpfer, nämlich einem Karl Wittmann oder auch der Wittmanns Karl. Er verfaßt Pamphlete gegen die Münchner Obrigkeit, fordert ein eigenes Bundesland Franken und gibt bei seinen Veröffentlichungen als Anschrift die Kreuzgasse in Nürnberg an, die eine Sackgasse ist. Wie so Vieles der fränkischen Geschichte liegt auch der Wittmanns Karl im Dunkel, es hat ihn noch nie jemand gesehen. Von ihm stammt unter anderem das Frankenlied:

Oh heiliger Veit von Staffelstein
Beschütze Deine Franken
Und jag die Bayern aus dem Land
Wir werden's ewig danken
Wir wollen freie Franken sein
Und keine Rucksack-Bayern
Oh heiliger Veit von Staffelstein
Das würden wir gern feiern

Dieses Lied steht auf dem Index und wird meist nach dem Inkrafttreten der Polizeistunde hinter geschlossenen Fensterläden dumpf und trotzig in den Bierkrug hineingesungen.

Diese Hymne an die Provinz (Fränkisch: Broffinz) ist die Nachdichtung eines Werkes des Mehrbereichspoeten Viktor Joseph von Scheffel: «Wohlauf die Luft geht frisch und rein, wer lange sitzt, muß rosten, den allerschönsten Sonnenschein läßt uns der Herrgott kosten. Jetzt reicht mir Stab und Ordenskleid der fahrenden Scholaren. Ich will zur schönen Sommerszeit ins Land der Franken fahren.» Von Viktor von Scheffel gibt es Gedichte und Lieder auf fränkische Forellen, auf fränkische Pfaffen, auf fränkische Burgen, auf den fränkischen Wein, auf fränkische Vollräusche und viele andere fränkische Sehens-, Eß-, Trink- und Merkwürdigkeiten.

Wer meint, daß der dichtende Bescheidwisser deswegen ein besonders typischer Franke war, irrt. Viktor von Scheffel (1826–1886) stammt aus Karlsruhe, hat am Bodensee als Poet und Bibliothekar gelebt und ist in seiner Sturm- und Trankzeit auch einmal ins Fränkische abgeglitten.

Ziemlich lange vor den Butzenscheiben-Gedichten des Viktor von Scheffel war Franken bekanntlich ein Weltreich, das sich von Spanien, über die Bretagne, hinauf nach Dänemark, über Muggendorf bis hinunter nach Italien und dem Reich der Langobarden erstreckt hat.

Dieses Frankenreich wurde, da stimmen alle Historiker überein, gebildet, und zwar ungefähr um das Jahr 500 von dem Königsgeschlecht der Merowinger. Manche sagen auch, es wurde gegründet. Dieses Gründen oder Bilden kann man sich so vorstellen, daß einem hohen Herrn – in dem Fall dem Herrn Merowinger – durch zuviel Prassen das Geld ausgeht und er sich in der Nachbarschaft umschaut, wo noch was zu holen ist. Danach kommt die nächste Nachbarschaft dran. Bei diesem Gründen oder Bilden eines Weltreiches kommen natürlich etliche hunderttausend Nachbarn zu Schaden und sterben vorzeitig. Das dabei entstehende Metzeln und Morden, Sengen und Brennen nennt man aus Gründen der Pietät und der vereinfachenden Zusammenfassung Reichsgründung.

Es wurde also damals das Fränkische Reich etwa in den Grenzen der Europäischen Gemeinschaft rachgierig zusammengerafft, beziehungsweise in weiser Voraussicht feierlich gegründet. Das Volk der Franken wiederum taucht in der Geschichte ungefähr im Jahr 250 nach Christus zwischen der Weser und dem Rhein auf. Das mittellateinische Adjektiv frankus bedeutet frech, frei, saufrech oder rotzfrech und ist wohl ein Hinweis, daß diese Unterfranken mit ihren Steinschleudern ganz schön gehaust haben. Am Ende sind sie sogar noch als ziemlich dreiste Seeräuber an der Kanalküste berühmt geworden. Franc, Frankreich, Franz, Fränkische Schweiz, Frankfurter Würstchen, franco oder Frankenstein – dies alles kommt von den Franken.

Ob allerdings jener in einem Polizeibericht des Jahres 1989 aufgetauchte Herr, der am Rhein-Main-Donau-Kanal in der Nähe von Rednitzhembach im Vollrausch ein feindliches Schlauchboot durch Aufschlitzen mit einem Schraubenzieher gekapert hat, ein Nachfahre der fränkischen Seeräuber ist, bleibt in dem schon mehrfach erwähnten Dunkel der Geschichte.

Nach der Zeit des Karolinger-Chef Karls des Großen ist das mühselig gegründete, gebildete und errichtete Fränkische Reich wieder in ziemlich viele Einzelteile zerfallen. Vom 9. Jahrhundert an entstand dann das, was poetisch gestimmte Menschen gern die Vielfalt, weniger poetisch gestimmte Menschen die Einfalt Frankens nennen. Jedes Territorium, das halbwegs die Größe eines Fußballplatzes hat, erhebt sich kühn zum Herzogtum, zum Bistum, zur Grafschaft, Markgrafschaft oder zum Freien Reichsdorf. Alle mit eigenen Grenzen. Der Beruf des Zollinspektors muß damals eine sehr einträgliche Beschäftigung gewesen sein.

Die fränkischen Seeräuber waren längst ausgestorben, der Name Franken existierte nur noch da, wo es ihn heute noch gibt, und lautete eigentlich Ostfranken. Ein bißchen mit dem Schwert, ein bißchen mit hochheiligen Versprechungen auf ein ewiges Leben im Paradies und ein bißchen mit Drohungen vom Fegefeuer und anderen schmerzhaften Feinheiten war die ostfränkische Bevölkerung schon um das Jahr 700 den Klauen des Heidentums entrissen worden. Solches wird Christianisierung genannt. Man hat dafür keine Reisekosten und Mühen gescheut und zur Christianisierung extra den heiligen Bonifatius und den nicht weniger heiligen Kilian zu den Heiden zwischen Main und Rezat geschickt. Als kleines Nebenprodukt ist dabei auch gleich die Bereitschaft der für die Seligkeit gerüsteten Bevölkerung entstanden, die kirchlichen Herren auch als weltliche Ministerpräsidenten zu akzeptieren. In Franken regierten lange und mit großem Erfolg die Bischöfe von Mainz, Würzburg, Bamberg und von Eichstätt. (Un-)Heimlich, still und leise tun sie es sogar heute noch.

Im ausgehenden Mittelalter teilen sich im fränkischen Reichskreis folgende die politische Macht: die drei Hochstifte Würzburg, Bamberg und Eichstätt, die Zollern-Fürstentümer Ansbach und Kulmbach-Bayreuth, die fünf freien Reichsstädte Nürnberg, Rothenburg,

Windsheim, Schweinfurt und Weißenburg, die Reichsdörfer Gochsheim und Sennfeld und die fränkischen Grafen und Freiherren. Die Ritter nagen schon ein bißchen am Hungertuch und erinnern sich an ihre Urahnen, die an der Atlantikküste seinerzeit in Seenot geratene Frachtkähne geplündert haben. Hoch zu Roß ist nicht mehr so gefragt, die Armeen bestehen aus Fußtruppen, und die Ritter sitzen in ihren zugigen Burgen und schöpfen aus dem Leeren. Bis sie merken, daß man auch von privaten Kleinkriegen, von Erpressung, Lösegeld und dem Anzapfen der Reichsstadtkassen ganz gut leben kann. Die Nürnberger können ein Lied davon singen.

In den fünfziger Jahren des 14. Jahrhunderts schröpft der aus der Rothenburger Gegend stammende Eppelein von Gailingen die Nürnberger Kramwaren-Barone dermaßen, daß die Patrizier dem fränkischen Robin Hood und seinen etwa zwanzig adligen Komplizen für viel Geld ganze Heerscharen hinterher hetzen. Lange Zeit natürlich vergeblich. So schön es sich liest, wie der Eppelein die Nürnberger Schickeria an der Nase rumführte, es sind leider lauter Sagen. Wahrscheinlich ist auch der Sprung mit seinem Pferd über die Burgmauer kurz vor der pompös präparierten Hinrichtung sehr unwahrscheinlich. Geblieben ist davon aber immerhin die altfränkische Sentenz, daß die Nürnberger keinen hängen, es sei denn, sie hätten ihn.

Eine ähnliche Schönheit besitzt auch der fränkische Lehrsatz, daß es heute wieder kälter ist als draußen. Leider wahr ist, daß sie den Raubritter Eppelein am Ende doch noch erwischt und im oberpfälzischen Neumarkt im Jahr 1381 gerädert haben. Noch bis weit ins 16. Jahrhundert hinein ärgerten aber hochwohlgeborene Strauchdiebe und Raubritter die fränkische Hochfinanz. Im Jahr 1558 wurden die beiden letzten adligen Banditen, Michael von Hausen und Hessel von Grumbach, in Nürnberg mit dem Schwert hingerichtet.

Neben dem bereits erwähnten, angeblich so typischen, trockenen Humor soll in Franken auch der Lachsack erfunden worden sein. Es ist nur zu bedauern, daß es dieses Gerät zur Erzeugung einer vollautomatischen Heiterkeit an der Schwelle zur Neuzeit in Franken noch nicht gegeben hat. Über diese Schwelle sind nämlich sehr viele fränkische Menschen gestolpert, beziehungsweise gestolpert worden, so daß sie danach nichts mehr zu lachen hatten. Von den päpstlichen Exzellenzen in Bamberg, Würzburg, Mainz und Eichstätt gut eingesäumt und ausgenommen wie eine Weihnachtsgans, kamen auch den fränkischen Untertanen die 95 Thesen des Augustinermönchs Martin Luther im denkwürdigen Herbst 1517 gerade recht.

Vor allem seine Schrift *Von der Freiheit eines Christenmenschen* verstanden die Kleinbauern, Knechte, Handwerker, abgedankten Söldner und die anderen Menschen, auf deren krummen Buckeln die High Fidelity ihr gottesfürchtiges Leben lebte, schon ganz recht. Unter der praktischen Anleitung des Ritters Florian Geyer aus Giebelstadt, versehen mit Luther-Thesen als ideologischen Unterbau, sind sie so frank und frei, daß sie auf ihren Märschen durch das fränkische Land erst einmal den ungewohnten aufrechten Gang üben.

Sie formieren sich im südlichen Franken zwischen Greding, Thalmässing und Hilpoltstein, in der Gegend um den Hesselberg, im Taubertal und am Main. Rund um Rothenburg machen die Bauern im März 1525 mobil. In der Stadt schließen sich dem Aufstand auch die irrtümlich für sehr handsam gehaltenen Bürger an und verjagen den Magistrat. Am Ende führt Florian Geyer ein Revolutionsheer von 20000 Freiheitskämpfern vor die Tore Würzburgs. Mit einem schlechten Gewissen, wenig Hoffnung und reichlich Reisespesen verdrückt sich der Bischof Konrad nach Heidelberg.

Die Forderungen der aufständischen Bauern waren in der Tat revolutionär: Geld, Gold und Immobilienbesitz, das die Kirche im Namen Gottes gehortet hatte, sollte in Gemeingut umgewandelt und die Rechtsprechung vereinheitlicht werden. Von einer allgemeingültigen Verfassung war die Rede. Das bißchen Franken am Rand der Welt war für ein paar Tage im Frühjahr 1525 die Hoffnung für einen Sieg der christlichen Idee. Eine rigorose Minderheit konnte vielleicht das Ende der gewaltsamen Unterdrückung herbeiführen.

Daß in den ohnehin spärlichen und verschämten Berichterstattungen von der Bauern-Revolution meist despektierlich von Horden und Haufen, von verrückt gewordenen Untertanen, von einer gotteslästerlichen Umkehrung der Weltordnung die Schreibe ist, hat wohl vor allem einen Grund: Die Bauern haben ihren Kampf um Freiheit und Gleichheit auf den Mainwiesen bei Sulzfeld und Königshofen leider verloren.

Allein in den beiden Schlachten Anfang Juni verlieren 5000 Bauern ihr Leben. Florian Geyer wird nach Verhandlungen mit dem blutrünstigen Ansbacher Markgraf Kasimir ermordet. Und der große Reformator Martin Luther läßt wissen, daß er sich getäuscht habe. So war die Freiheit eines Christenmenschen ja nun auch wieder nicht gemeint. Auch nach ihrem Sieg wütet die fürstliche Soldateska noch Wochen und Monate unter den versprengten Aufständischen.

Während der sogenannten Henkerreisen durch Franken werden Bauern von Standgerichten gehängt, erschlagen, ersäuft. Wer Glück hat, dem hackt man nur die rechte Hand ab. «Wer anno 1523 nit stirbt», heißt ein Bauernspruch, «1524 im Wasser nit verdirbt, und 1525 nit wird erschlagen, der kann von Wundern sagen.»

Fast genau fünfzig Jahre vorher hatten fränkische Bauern schon an den Grundfesten der angeblich von Gott so gewollten Ordnung gerüttelt. In dem kleinen Tauberdorf Niklashausen, südöstlich von Wertheim, lebte der Bauernknecht Hans Beheim. Als Viehhirte und Wirtshausmusiker verdient er sich sein Geld. Und Gedanken über den Sinn des Lebens macht er sich auch noch. Das Leben, denkt er sich, müßte so trostlos eigentlich nicht sein.

An einem Sonntag im März des Jahres 1476 stellt er sich vor die Kirche hin und sagt den Niklashausern laut und deutlich, was er sich denkt: Die Bischöfe und die Fürsten sind Menschenschinder und Ausbeuter, der Kaiser und der Papst leben auf Kosten ihrer Untertanen in Saus und Braus. Die Erde und ihre Güter seien schließlich für

Seite 13:
Dampft, qualmt und brennt schon seit hundertfünfzig Jahren nicht mehr: Deutschlands erste Eisenbahn-Lokomotive schlich im Jahr 1835 auf ihrer Jungfernfahrt vom Nürnberger Plärrer nach Fürth. Heute steht der «Adler» im Verkehrsmuseum in Nürnberg und wird einmal in der Woche auf Hochglanz poliert.

Seite 14:
Von Touristen höchst selten heimgesucht, aber mindestens so sehenswert wie die in allen Prospekten gerühmten Nürnberger Chörlein: Fürther *Fassaden mit ihrer spätklassizistischen Ornamentik in der Hornschuch-Promenade. Die vom Krieg verschonten Häuser stammen aus der zweiten Hälfte des 19. Jahrhunderts.*

Seite 15:
Der Michaeliskirche *verdanken die Fürther ihr schönstes Fest – die Fürther Kärwa: Zu Ehren des Heiligen Michael und zum Wohl der Karussellschieber wird jedes Jahr im Oktober die Fürther Innenstadt für den Verkehr gesperrt und eineinhalb Wochen gefeiert.*

Seite 16:
Ähnlich wie Altbaiern verfügt auch Franken gelegentlich über einen weißblauen Himmel: Hier schweben die Schönwetterwolken über dem Königsplatz, *dem* Rathaus, *der* Stadtpfarrkirche *und dem* Schönen Brunnen *von* Schwabach. *Für die Restaurierung dieses Ensembles wurde die Stadt im Südwesten von Nürnberg mit dem europäischen Preis für Denkmalpflege ausgezeichnet.*

Seite 17:
Idylle in der restaurierten Marktgemeinde: Aus dem einstigen Dorf Wendelstein *an der Schwarzach holten sich die Nürnberger Bauherren im Mittelalter den Sandstein für ihre Patrizierhäuser. Der Poet und Schuhmachermeister Hans Sachs war an den Produkten aus den Steinbrüchen weniger interessiert – er holte sich aus Wendelstein seine Ehefrau Kunigunde Kreutzer.*

Seite 18:
Das alte Rathaus von Lauf: *Die Stadt nordöstlich von Nürnberg gehörte unter Kaiser Karl IV. nach dem Kauf der Oberpfalz 1353 für einige Jahre zu Böhmen. Die Figur des heiligen Wenzel, dem böhmischen Patron, steht heute noch über dem Eingang des südlichen Stadttores. Die Sandsteinskulptur aus dem Jahr 1360 ist der Wenzelsfigur im Prager Veitsdom nachempfunden.*

Seite 19:
Das alte Laufer Wasserrad an der Pegnitz *dreht sich nur noch für die Touristen: Im Mittelalter waren die Ufer der Pegnitz mit Mühlen und Hammerwerken dicht besetzt und machten aus der Ansiedlung um die kaiserliche Burg fast eine Industriestadt.*

Seite 20:
Der Turm am Wassertor *in* Hersbruck *– einer der letzten drei Türme, die von der Stadtbefestigung noch übrig geblieben sind. In dem idyllischen Pegnitz-Städtchen befindet sich Deutschlands umfangreichstes Hirtenmuseum, in dem in den letzten sechzig Jahren kunsthandwerkliche Gegenstände und Arbeitsgeräte fränkischer Hirten zusammengetragen wurden.*

Seite 21:
Auf dem Reißbrett geplante Natur: Das Erlanger *Schloß und der Schloßgarten gehörten zu dem Bauauftrag, den der Marktgraf Christian Ernst dem Thüringer Mehrbereichsarchitekten Johann Moritz Richter erteilt hatte. Zu Beginn des 18. Jahrhunderts entstand die geometrisch-rechtwinklige Stadtlandschaft, die ein Kritiker nach Fertigstellung als «freundliche Langeweile» bezeichnet hatte.*

Seite 22:
Zwei Kanäle durchziehen fast ganz Franken von Norden nach Süden. Der eine, der Ludwigskanal *aus der Mitte des 19. Jahrhunderts, existiert nur noch als zur Hälfte zubetoniertes Überbleibsel und erfreut auf den paar Kilometern zwischen Nürnberg und Neumarkt, wo es ihn noch gibt, Angler, Spaziergänger, Radler und Naturfreunde. Der andere, der* Rhein-Main-Donau-Kanal, *hat mit seinen zerstörerischen Großbaustellen die Herzen der Naturschützer bisher nicht sehr hoch schlagen lassen. Politiker feiern ihn immer noch als Jahrhundertwerk, andere Politiker hätten ihn am liebsten wieder zugeschüttet. Allem Anschein nach wird die umstrittene Wasserstraße zwischen Bamberg und Kelheim doch noch in diesem Jahrhundert fertig – und möge, was zu hoffen ist, so schön zuwachsen wie der Ludwigskanal.*

Seite 23:
Sehr schön abseits vom Touristenstrom thront hoch über dem Schwarzachtal zwischen Grünsberg *und* Ochenbruck *die Burg von* Burgthann. *Oder das, was der Lauf der Zeit von ihr noch übrig gelassen hat. Die Burg des Heinrich von Thann aus dem 12. Jahrhundert wurde in den zwanziger Jahren von dem amerikanischen Maler Hunt Diederich restauriert und im Zweiten Weltkrieg zur Hälfte zerstört. Jetzt kann der einsame Besucher den Palas, eine Kapelle und den Turm besichtigen und unten im Tal in einem Gasthaus sehr gut essen.*

Seite 24:
Jahrzehntelang hatten mittelfränkische Bauern ihre Häuser mit Eternitplatten zugepappt, daß die Denkmalpfleger von Alpträumen und Wutanfällen geschüttelt wurden. Nach und nach entdeckt man aber, daß sich die Schönheit von Kunststoffverkleidungen doch sehr in Grenzen hält und läßt das alte Fachwerk neu gestrichen wieder frische Luft schnaufen wie hier bei dem Bauernhaus in Furth *im Landkreis Roth.*

ADLER

RETTUNGSBOOT

alle Menschen da. Fehlte nur noch, daß der Hans Beheim seinen erst erstaunten, dann begeisterten Zuhörern erzählte, daß alle Menschen gleich seien. Aber das Maß ist auch so schon voll.

Wie die Bauern aus der ganzen Umgebung nach Niklashausen strömen und ebenfalls anfangen nachzudenken, da denken auch die hohen Herrschaften nach. Der Graf von Wertheim und der Bischof von Würzburg lassen den Hans Beheim verhaften. Bischöfliche Soldaten metzeln die aufmüpfigen Bauern nieder. Am 19. Juli 1476 werden vor den Mauern des Würzburger Schottenklosters die drei Anführer des Aufstandes hingerichtet. Hans Beheim, der Pfeifenspieler von Niklashausen, stirbt auf dem Scheiterhaufen, zweien seiner Helfer schlägt der kirchliche Henker den Kopf mit dem Schwert ab.

Fünfzig Jahre später bei der großen Bauern-Revolution tauchen die Ideen des Hans Beheim wieder auf. Es ist so ziemlich das letzte Mal in Franken, daß Ideen über eine gerechtere Verteilung irdischer Güter auftauchen. Umwälzungen größeren Ausmaßes finden hierzulande, wie schon erwähnt, meist nur noch daheim auf dem Sofa statt.

Die Geschichte vom Pfeiferhans von Niklashausen steht nicht einmal mehr in den Geschichtsbüchern. Dafür konnten die fränkischen Bauern nach dem Jahr 1525 bei ihrem Mentor und Einflüsterer, beim großen Reformator, beim Verfasser der Schrift *Von der Freiheit des Christenmenschen* nachlesen, daß sie, die Aufständischen, zum allgemeinen Abschuß freigegeben seien. In dem geschwind nachgeschobenen Traktat *Wider die räuberischen und mörderischen Bauern* belfert Luther nach seiner wunderbaren Wandlung vom Reform-Ideologen zum Opportunisten: «Es ist hohe Zeit, daß sie (die fränkischen Bauern) erwürgt werden wie tolle Hunde. Man soll sie zuschmeißen, würgen und stechen, heimlich oder öffentlich.»

Luthers fromme Wünsche sind ein Jahrhundert später für die fränkische Bevölkerung schon in Erfüllung gegangen. Kaum ein Dorf zwischen Spessart und Altmühl, in dem nicht gemordet, geplündert und vergewaltigt worden ist. Kaum ein Rübenacker an der Pegnitz oder ein Weingarten am Main, der von den alles zertrampelnden Heeren nicht verwüstet wurde. Kaum ein Städtchen zwischen Rothenburg und Forchheim, das die offiziell für die Ehre Gottes marodierenden Soldaten verschont hätten. Die einen schossen und stachen für den katholischen, die anderen für den protestantischen Gott.

Wenn im Dreißigjährigen Krieg auch die wenigsten Schlachten auf fränkischem Boden geschlagen wurden, so hatte das Land zwischen Main und Altmühl doch am meisten unter den sogenannten Nebenwirkungen des sogenannten Glaubenskrieges zu leiden. Franken war das bevorzugte Aufmarschgebiet, Durchzugsland und der Musterungsplatz für die beiden Oberbefehlshaber König Gustav Adolf von Schweden (protestantisch) und Albrecht von Wallenstein (katholisch).

Im außerordentlich sinnvollen Streit um den rechten Glauben tun sich am 4. Mai 1608 in dem Wörnitz-Dorf Auhausen, südlich von Wassertrüdingen evangelische Fürsten zusammen. Ihr Bündnis unter der Führung des Markgrafen von Ansbach nennen sie Union. Das reformierte Nürnberg tritt der Union bei. Der kurz danach (Juli 1609) unter Maximilian von Bayern zusammengetrommelten Katholiken-Koalition, der Liga, schließen sich aus Franken die Bischöfe von Bamberg, Würzburg und Eichstätt an. Als 1618 in Böhmen das dreißigjährige Schlachten beginnt, stehen die eigentlichen Verlierer schon fest: Bauern, Bürger, Handwerker, Frauen, Kinder. Frankens Bevölkerung geht durch ein Inferno, das ein Menschenalter dauert und von dem kaum eine Stadt, ein Dorf, ein Gehöft verschont bleibt. Die hübschen Sagen von der Dinkelsbühler Kinderzeche oder dem Rothenburger Meistertrunk haben mit der Realität höchstens am Rande etwas zu tun. Wo erweichen schon um Gnade bittende Kinder oder trinkfeste Bürgermeister die Herzen der Obristen? «Der Krieg ernährt den Krieg», notiert der Feldherr Wallenstein in sein Tagebuch. Der Krieg ernährt sich vor allem von der fränkischen Bevölkerung. Sehr wesentlich wird es für einen Bauern nicht gewesen sein, ob die Soldatenhorden, die ihn und seine Familie aufgespießt, erschlagen, ertränkt, erhängt haben, ob diese Glaubenskämpfer dem katholischen oder dem evangelischen Gott verbunden waren.

Dinkelsbühl, vor dem Krieg eine der wohlhabendsten Städte in Franken, ist im Jahr 1648 ruiniert. Über die Hälfte der Bevölkerung ist ermordet, gefallen oder durch die Pest-Epidemien gestorben. Das städtische Vermögen an Geld und Gold ist geraubt. Das Schicksal Dinkelsbühl steht für das Schicksal des ganzen fränkischen Territoriums. Über die Hälfte der Bevölkerung zwischen Rhön und Jura hat den Dreißigjährigen Krieg nicht überlebt. Sehr bemerkenswert ist es deshalb, wenn ein neuzeitlicher Touristenführer für Franken der völkermordähnlichen Zerstörung eines Landes drei Druckzeilen widmet. Nämlich die folgenden: «Während des Dreißigjährigen Krieges erlebt Franken eine Episode schwedischer Herrschaft.» Und das Wort Episode erläutert der große Brockhaus: «...flüchtiges, nebensächliches Ereignis, belangloses Erlebnis.»

Weiterhin ist vielleicht noch bemerkenswert, daß nach dem vorläufigen «Westfälischen Frieden» von 1648 ein Jahr später in Nürnberg ein Kongreß die territorialen Ansprüche der kriegführenden Parteien endgültig regelt. Am Ende des Kongresses lassen Fürst Ottavio Piccolomini im Namen des Kaisers und Graf Karl Gustav von Zweibrücken im Namen des schwedischen Herrscherhauses ein üppiges Friedensmahl auffahren. Die Speisekarte aus dem Nürnberger Rathaussaal vom 25. September 1649 ist überliefert: Zur Tafelmusik von vier Orchestern werden vier Gänge kredenzt, jeder Gang besteht aus hundertfünfzig Speisen. Auch sollen nach der Unterzeichnung des endgültigen Friedenshauptrezesses im Juni 1650 zu Nürnberg im ganzen Land die Glocken geläutet haben. Sofern die Glocken noch läuten konnten und nicht in Kanonen umgegossen worden waren.

Was von dem Kriegsschauplatz in der Mitte des 17. Jahrhunderts übrigbleibt, ist alles mögliche: ein erstaunlich tolerantes Einwanderungsland zum Beispiel für die wegen ihres Glaubens verfolgten und vertriebenen Salzburger Exulanten, für Flüchtlinge aus Oberösterreich oder für rund 200000 reformierte Franzosen, die vor allem in Erlangen, Schwabach und rund um Fürth Zuflucht finden. Was übrig bleibt, ist auch eine gottverlassene Wüstenei, ein Friedhof, ein Fleckerlasteppich. Nur eine politische Einheit ist der einstige, hinterste östliche Zipfel des großen Frankenreichs wahrlich nicht.

Franken, das ist eine Landkarte mit lauter kleinen und ganz kleinen Tintenklecksen drauf, alle hundert Kilometer ein Bischofssitz, alle fünfzig Kilometer ein Kurfürstentum, ein Herzogtum, eine Markgrafschaft, eine Landgrafschaft und eine Hand voll halbwegs freier Reichsstädte. Die politischen Maximen in den Fürstentümern werden wohl geheißen haben: Klein, aber fein. Klein, aber mein. Kleinkariert. Kleinvieh macht auch Mist.

Die Besitzer von dem, was dann im 19. Jahrhundert zwangsweise in Franken, mit der sauberen Dreiteilung in Ober-, Unter- und Mittelfranken verwandelt wird, das sind Fürsten, Grafen und ein paar Reichsritter, der deutsche Orden, die hartnäckigen Dauerbischöfe in Würzburg, Bamberg und Eichstätt, die Fürsten in Ansbach und Bayreuth und die Kaufleute der Reichsstädte Nürnberg, Dinkelsbühl, Rothenburg, Weißenburg und Windsheim.

Daß die bis heute sehr uneinheitlich gebliebenen Franken auch neuerdings in München für Südpreußen und in Berlin für die nördlichen Ausläufer bajuwarischer Schuhplattler gehalten werden, liegt an der politischen Entwicklung um die Jahrhundertwende. Gegen Ende des 18. Jahrhunderts bemühen sich die Preußen um das fränkische Immobilien-Sammelsurium, und am Anfang des 19. Jahrhunderts marschieren die Bayern im zerstückelten Franken ein. Das ist dann auch der Zeitpunkt, wo sich die Franken plötzlich Franken nennen, obwohl sie Bayern sind. Und einen Nationalstolz entwickeln, wo man beim besten Willen weit und breit keine Nation erkennen kann.

Die Ansbacher Markgrafen, die sich auch schon früher in den fränkischen Landen gelegentlich wie die Axt im Walde aufgeführt haben, zeichnen schließlich für den Beginn des Schlußverkaufs verantwortlich. Winterschlußverkauf, muß man im Sinn des Wortes sagen. Denn im Dezember 1791 hat der Ansbacher Markgraf Alexander von seinem Städtchen an der Rezat, von der schönen Residenz, vom guten Bier und dem Charme der Provinz die Nase gestrichen voll. In einem Geheimvertrag mit Preußen hat der Markgraf seine Pensionierung geregelt: Er pfeift auf seine Fürstentümer, Ansbach und Bayreuth werden am Tag der Abdankung preußisch, dafür zahlt Preußen dem Herrn Alexander eine jährliche Rente von 300000 Gulden. Am 2. Dezember 1791 unterschreibt Alexander den Kontrakt und entschwindet mit seiner englischen Freundin Lady Craven nach Britannien – fast ein Drittel Frankens ist verscherbelt, 600 Jahre Herrschaft des Hauses Zollern, ehemaliger Burggrafen in Nürnberg, sind beendet. Wo die Liebe und 300000 Gulden jährlich hinfallen, da hält sich auch bei einem bodenständigen Franken das Heimweh in Grenzen.

Die Preußen lassen sich in den beiden fränkischen Fürstentümern Ansbach und Bayreuth häuslich nieder. Minister Carl August Freiherr von Hardenberg fängt an zu organisieren, was nur irgendwie zu organisieren ist. Vor allem organisiert er das Beamtenwesen von Grund auf. Der preußische Drill von 1792 hat sich in manchen Ämtern bis heute gehalten. Im Jahr 1796 soll auch das so gut wie bankrotte Nürnberg preußisch und straff durchorganisiert werden.

Doch den Organisierern hat anscheinend schon geschwant, daß da Hopfen und Malz verloren ist. Am 4. Juli marschieren König Friedrich Wilhelms Soldaten durch Gostenhof und Wöhrd, ein paar Tage später bietet sich die einst so stolze Stadt und Pfeffersäcke-Metropole zur freien Verfügung an. Die Preußen ziehen Anfang September ein – und Anfang Oktober wieder aus. Es war nicht mehr viel da, über das der Minister Hardenberg verfügen hätte können. In Ansbach und Bayreuth hatte der Herr von Hardenberg im Zuge seiner Organisation unter anderem die Pockenimpfung eingeführt. Nürnberg war inzwischen so arm, daß die Bewohner anscheinend nicht einmal mehr Pocken hatten. Von einer Pockenimpfung während der vierwöchigen preußischen Besetzung ist jedenfalls nichts überliefert.

Zehn Jahre später ereignet sich dann das, von dem man heute noch nicht so genau weiß, ob man drüber lachen oder weinen soll: Napoleon, der große europäische Einverleiber, hilft ein bißchen nach, und schon ist ganz Franken bayerisch. Damals weinte man über die plötzlich hereingebrochene Münchner Oberhoheit. Als am 15. September 1806 in Nürnberg zu Ehren der Einverleibung die Kirchenglocken geläutet wurden, soll eine Mutter ihre Kinder umarmt und geschluchzt haben: «Ihr Armen, jetzt seid Ihr Fürstenknechte.» Es kann sich aber auch um eine böswillige Erfindung des fränkischen Freiheitskämpfers Karl Wittmann, oder um eine Polemik seines Pressereferenten Josef Mudlagk handeln.

Aus der fränkischen Vergangenheit kann man lernen: Immer wenn in den Barock-, Gotik- oder Backsteinkirchen zwischen Würzburg und Weißenburg die Glocken geläutet wurden, war Ungemach im Anmarsch. Die Glocken läuteten 1914 anscheinend vor lauter Freude darüber, daß der Erste Weltkrieg begonnen hat. Bei Kriegsende läuteten keine Glocken. Die Mesner waren im Feld gefallen – wie man in den Geschichtsbüchern das elende Verrecken im Schützengraben vor Verdun auch gern genannt hat –, in Gefangenschaft oder damit beschäftigt, ihre Familie notdürftig durch die Hungersnot zu bringen.

Im letzten Kriegswinter ernährten sich die meisten Menschen von tiefgefrorenen Steckrüben. Fleisch, Fett, Butter und Milch waren rationiert. Aber meist auch nur auf dem Papier, denn was nicht da ist, kann man nur sehr schwer in kleine Rationen einteilen. An den Folgen einer Grippe-Epidemie starben 1918 in Nürnberg fast fünfzehnhundert unterernährte Menschen, dreihundert von ihnen waren Kinder. Nach Kriegsende und der Abreise des Kaisers zum Kururlaub nach Holland, beziehungsweise ins Exil, kommt auch in Franken Unruhe auf – und bald wieder Ruhe. Zwar konstituieren sich in fast allen Städten und Städtchen Bauern- und Soldatenräte, aber so recht will die Revolution nicht vorankommen.

In einer Weinbau-Gemeinde in Unterfranken hauen die bürgerlichen Volksvertreter den Genossen einfach die Rathaustür vor der Nase zu. Und die ausgesperrten Arbeiter- und Bauernräte fragen bei der Volksregierung in München dann auch noch schriftlich und höflich an, ob sie nicht vielleicht doch eine Revolution veranstalten sollen. Im Januar 1919 wählen die Nürnberger ihre Abgeordneten für die Nationalversammlung: 51 Prozent Sozialdemokraten, 28 Prozent Mitglieder der Deutschen Volkspartei, 14 Prozent andere Bürgerliche, 7 Prozent Unabhängige Sozialdemokraten. So ähnlich wählen die Nürnberger siebzig Jahre später immer noch.

Wie die Wahlen am 30. Januar 1933 für die nächsten zwölf Jahre abgeschafft werden, läuten auch in den fränkischen Städten aus Freude über die sogenannte Machtergreifung wieder die Kirchenglocken. Inzwischen hat man sich heute darauf geeinigt, daß man die Glocken nicht mehr bei vermeintlichen großen Anlässen bimmeln läßt, sondern nur noch um Viertel, Halb, Dreiviertel und Ganz. Man kann seine Uhr danach stellen. Und das langt eigentlich auch.

Bekanntlich hat an diesem 30. Januar 1933 eine große Zeit angehoben. Für Franken eine ganz besonders große Zeit. Der Würzburger Oberbürgermeister Klaus Zeitler hat zum Ende seiner Dienstzeit dreihundert Seiten lang seine Memoiren aufgeschrieben. Im Gegensatz zu vielen fränkischen Memoirenschreibern hat er die Hitler-Zeit nicht verschämt oder unverschämt ausgespart. Wenn man, so rechnet der fränkische Oberbürgermeister zusammen, die 15 Milliarden Jahre Erdgeschichte auf eine Meßlatte überträgt, pro Jahr einen Millimeter, dann mißt die uns bekannte Weltgeschichte 15000 Kilometer.

«Die Kulturgeschichte der Menschheit, die hunderttausend Jahre von der Steinzeit bis zum Atomzeitalter, sind also auf unserer Strecke so lang wie der Rhein bei Mannheim breit ist. Mit winzigen 12 Millimetern wäre der Spuk der Nazizeit zu verzeichnen. Aber machen uns die kümmerlichen 12 Millimeter, die als Nazi-Strecke zu verzeichnen sind, nicht eindringlich deutlich, daß nichts so unwichtig ist, um nicht wahrgenommen zu werden? Machen uns die 12 Millimeter der Herrschaft Adolf Hitlers nicht erst richtig bewußt, was binnen kurzer Zeit schreckliche Folgen haben kann? Mögen einige manche Zeit aus ihrem Gedächtnis streichen wollen, weil sie allenfalls eine ‹Episode› der Geschichte war.» Als am 20. November 1945 im Nürnberger Justizpalast in der Fürther Straße der Kriegsverbrecherprozeß beginnt, sind in Frankens Dörfern und Städten noch nicht alle Leichen in den Ruinen geborgen, noch nicht alle Toten zwischen Auschwitz und Stalingrad gezählt. Die Stadt Würzburg nennt man nach ihrer Bombardierung das Grab am Main, die Altstadt von Nürnberg, vom Schatzkästlein des Deutschen Reiches degradiert zur Stadt der Reichsparteitage, ist ein Trümmerfeld. Als die 12-Millimeter-Episode 1933 begann, lebten in Nürnberg nach einer Zählung am 16. Juni 8266 jüdische Mitbürger, im Mai 1945 lebten in Nürnberg keine Juden mehr.

Der fränkische Mensch als solcher schlechthin gewissermaßen

Über den fränkischen Menschen, der bekanntlich von Bad Neustadt an der Saale bis nach Solnhofen verstreut ist, gibt es sehr schöne, straffe Gesamturteile. Es waren bei diesen Einschätzungen vermutlich Volksforscher am Werk, die unter anderem auch das Gras wachsen hörten. Ihren scharfen Beobachtungen zufolge ist der fränkische Mensch als solcher schlechthin gewissermaßen vor allem außerordentlich fleißig, bescheiden, bodenständig, vom trockenen Humor durchdrungen und zurückhaltend.

Ähnliche Pauschalangebote hören wir auch aus vielen anderen Kleinstaaten. Einen trockenen Humor, Fleiß, Bescheidenheit und tiefe Wurzeln haben auch: der Oberpfälzer, der Oberbayer, der Niederbayer, der Schwabe, der Sachse, der Niedersachse, der Rheinländer, der Hesse und der Plattdeutsche.

So ist auch das sogenannte deutsche Wirtschaftswunder zu erklären, das erstens seine Basis im deutschen Fleiß und der deutschen Bescheidenheit hat und zweitens in der Gestalt des Fürther Kaufrausch-Toxikologen Ludwig Erhardt, der mitten aus Franken stammt. Auch Ludwig Erhardt war fleißig, bescheiden, bodenständig und rauchte den ganzen Tag dicke Zigarren. Er gilt deshalb bis in die heutige Zeit als Frankens einziger, wandelnder Hochofen.

Eine sehr schöne Beschreibung des fränkischen Gemüts können wir in einem berühmten Reiseführer nachlesen. Dort steht allen Ernstes: «Beharrlich fordert er (der Franke an sich schlechthin gewissermaßen) sein Recht und wirkt ausgleichend im größeren Kreis. Er sucht ernste Gespräche (ob er schon wo welche gefunden hat, weiß man nicht) und liebt Neckereien, bei der Arbeit und in der Freizeit, bei Wein und Bier.»

Ja, ja so sind wir Franken, immer einen feuchten Schluck auf den Lippen, versonnen, versponnen, harmonisch, hormonisch, wartungsfrei.

Gesichert kann man vom fränkischen Menschen aber nur sagen, daß es von ihm auf einer Fläche von rund 2400 Quadratkilometern ungefähr vier Millionen Exemplare gibt in den Ausführungen weiblich, männlich und de Luxe.

Zur letzteren Güteklasse gehörte zum Beispiel der Nürnberg-Fürther Radiobastler Max Grundig selig, der wie fast alle seine fränkischen Mit-Milliardäre im Marmorpalast lebte und mittags auf dem Meißener Blattgoldtellerlein vom Butler einen Preßsack kredenzt bekam.

Um neben Max Grundig oder Ludwig Erhardt (zufällig zwei enge Kumpel) aber auch noch alle anderen fränkischen Menschen erforschen und charakterlich schildern zu können, müßte man ungefähr vier Millionen Gespräche führen. Und wenn man fertig ist, muß man wieder von vorn anfangen, weil auch der Franke an sich sterblich ist.

So soll man sich vielleicht doch lieber die Meinung des schon erwähnten Pauschalisten aneignen, der in seinen weiteren Nachforschungen in der Klischieranstalt zu dem Urteil gekommen ist: «Der Franke paßt sich gern in Sprache und Sitte dem Fremden an. Er will nicht auffallen und dennoch geachtet werden. Er hat kein Stammes- und Eigenbewußtsein.» Woraus man schließen kann, daß er sich oft in tiefer Stammesbewußtlosigkeit befindet. Und zwar entweder nach acht Schoppen Wein oder zwölf Seidlein Bier.

Seite 33:
In Anlehnung an die Bamberger Altstadt nannten auch die Nürnberger *früher ihre Häuserlandschaft an der Pegnitz stolz und international Klein-Venedig. Nach dem Bomben-Inferno im Januar 1945 lag aber am Ufer unterhalb der* Karlsbrücke *kein Stein mehr auf dem anderen. Verständlich, daß der Wiederaufbau nach dem Zweiten Weltkrieg nicht mehr vom sogenannten kleinvenezianischen Baustil geprägt war. Falls es den überhaupt gegeben hat.*

Seite 34:
Das Herz von Nürnberg war früher ein stechmückenverseuchtes Sumpfgebiet: Mehr als hundert Jahre lang mußte der Hauptmarkt *warten, bis er zum Hauptmarkt wurde. Der* Schöne Brunnen *im Hintergrund ist eine schöne Kopie. Das Original entstand in der Mitte des 14. Jahrhunderts. Die von Heinrich Beheim dem Älteren geschaffenen Steinfiguren, die Philosophie, die sieben Künste, die Kirchenlehrer, die sieben Kurfürsten und die neun Welt-Helden, zerfielen im Lauf der Jahrhunderte. Die Sandsteinreste lagern im* Germanischen Museum. *Im Jahr 1903 wurde eine in Muschelkalk gearbeitete Nachahmung des Brunnens am Nordwestrand des Marktes aufgestellt.*

Seite 35:
Drehen bringt Kindersegen – heißt es über den geheimnisvollen Ring am Schönen Brunnen. Der Ring soll gemäß einer mittelalterlichen Wirtshaus-Sage von einem Eisengießer-Gesellen unbemerkt und über Nacht nahtlos in das Gitter eingefügt worden sein. Angeblich hatte der Nahtlos-Gießer die Tochter des Meisters heiraten wollen, aber leider nicht dürfen. Nach seinem Meisterstück verschwand er spurlos und ohne das Fräulein Braut. Auch soll es in dieser Nacht am Hauptmarkt nach Schwefel gestunken haben, so daß der Teufel nicht weit sein hat können. Nach unbestätigten Zählungen wird der Ring heute pro Jahr von Touristen etwa zweieinhalb Millionen Mal gedreht.

Seite 36:
Der Super-Star unter Nürnbergs Altstadt-Gäßchen: Die Weißgerber-Gasse *zwischen Burg und Pegnitz war nach dem Krieg nur noch eine Ruinengasse. Nachdem man sich beim Wiederaufbau anfangs auch mit Beton versucht hatte, besann man sich dann doch eines Älteren und restaurierte den Rest fachwerkmännisch. Jedes zweite Haus beherbergt dort im Erdgeschoß ein Wirtshaus, das Befahren der Gasse ist nur mit mittelalterlichen Fuhrwerken gestattet oder mit einer Sondergenehmigung für Anwohner.*

Seite 37:
Den Blick auf den Platz vor dem Tiergärtner Tor *und auf die Burg hatte schon Albrecht Dürer aus seinem Küchenfenster, die Sonnenschirme vor dem Rauchbier-Wirtshaus «Schlenkerla» und die hübschen Beton-Panzersperren ausgenommen. Wenn es die Bodentemperaturen zulassen, dann sitzen auf dem historischen Kopfsteinpflaster vor dem* Pilatushaus *viele junge Nürnberger (links), trinken mehrere Seidlein Bier, singen für jeden Liter Lieder und genießen bis in die frühen Morgenstunden die städtische Mehrsamkeit. Davon kann auch Albrecht Dürer ein Lied singen, denn es war seinerzeit dort schon sehr laut.*

Seiten 38 / 39:
Nürnbergs Dachlandschaft – Grünspan, Sandstein und rote Ziegel. Von links nach rechts posieren für den Fotografen die Apsis der Sebalduskirche, *ein Teil der* Kaiserburg, der fünfeckige Turm, *die* Kaiserstallungen, der Luginsland *und im Vordergrund das Oberstübchen des* Rathauses.

Seite 40:
Nürnberg, romantisch, prachtvoll, beautiful: Vier Wochen vor Weihnachten strahlt, so verspricht der Prospekt und hält es selbstverständlich auch in Wirklichkeit, der Hauptmarkt zwischen Schönem Brunnen und Frauenkirche *im Lichterglanz; und die Kinderherzen schlagen höher, weil* Christkindlesmarkt *ist. Im 14. Jahrhundert war es an der gleichen Stelle noch weniger romantisch. Zweimal plünderten, brandschatzten und mordeten die Nürnberger im dort ansässigen Juden-Ghetto. Nach den zwei Pogromen ließ der Rat der Stadt auf dem enteigneten Grund und Boden der Juden zu Ehren Marias die Frauenkirche errichten.*

Seite 41:
Nürnbergs höchste Adresse, auf der Burg Nummer 13: Die Burgamtsmannwohnung *mit den fränkisch rotweißen Fensterläden und Türen wird, wie der Rest der Nürnberger Veste auch, von der bayerischen Schlösser- und Seen-Verwaltung in München beaufsichtigt.*

Seiten 42 und 43:
Eisengießer gab es im Mittelalter in Nürnberg reichlich. Die meisten hatten sich, ähnlich wie die noch dringender benötigten Waffenschmiede, in der Handwerkersiedlung unterhalb der Burg niedergelassen. Heute sind die Aufträge für künstlerisches Gußwerk rar geworden. In der Stadt arbeitet ein einziger Bronzegießer: der bärtige Franz Jahn mit seinen Gesellen. Im Jahr 1957 trat der Gießer in die im vorigen Jahrhundert gegründete Kunstgießerei Burgschmiet-Lenz ein. Inzwischen ist er Inhaber der Werkstatt in der Burgschmietstraße, *in der auch die Nachbildung des Nürnberger Gänsemännchens, die Figuren für den Ehekarussell-Brunnen am Weißen Turm und der als Dürer-Hommage geschaffene Monster-Hase nach Art der mittelalterlichen Meister gegossen wurden.*

Seite 43 unten rechts:
Die Bürde des Künstlers in Stein gehauen: So verewigte sich der Nürnberger Bildhauer Adam Kraft beim Auftragswerk des Sakramentshäuschens für den stiftungsfreudigen Patrizier Hans Imhoff. Das aus Sandstein gemeißelte Monumentalwerk – eigentlich nur zur Aufbewahrung der Hostien gedacht – ragt neben dem Hauptaltar der Lorenzkirche *zwanzig Meter hoch bis unter die Kuppel.*

Seite 44 oben:
Vom römischen Kolosseum abgekupfert und für mindestens tausend Jahre konzipiert: Nazi-Architekt und Rüstungsminister Albert Speer hatte auf Wunsch des sogenannten Führers in Nürnberg besonders hartnäckige Spuren seiner Größenwahn-Architektur hinterlassen. Nürnbergs Stadträte wissen heute noch nicht, wie sie die nationalsozialistischen Relikte bewältigen sollen. Die halbfertige Kongreßhalle *am* Dutzendteich *war ursprünglich zum Abriß freigegeben worden. Doch der Abtransport des Granit-Ungetüms erwies sich als zu teuer. Dann sollte es als Stadion für den 1. FC Nürnberg umgebaut werden, und zuletzt interessierte sich ein Immobilien-Konsortium für den Koloß in seiner Eigenschaft als künftiges Einkaufszentrum. Vorläufig lagern in den riesigen Räumen wie schon seit Jahrzehnten die Kajaks eines Wassersportvereins, üben die Nürnberger Symphoniker die Woche über, und befeuchten zweimal im Jahr stille Zecher die majestätischen Wände. Beim Frühlingsfest und beim Herbstvolksfest sind in der Kongreßhalle die Toiletten untergebracht.*

Unten:
Der Vorhof zur Kaiserburg: Erst im 16. Jahrhundert wurde hier (Bildmitte) der Tiefe Brunnen *für die Wasserversorgung bei längerer Belagerung gebohrt. Der 53 Meter tief durch den Fels getriebene Brunnen (Wassertiefe drei Meter) kann heute noch im Inneren des Brunnenhauses besichtigt werden.*

Bernadette
Kosmetik

BHWA

13

GALERIE DER
ALBRECHT DÜRER
GESELLSCHAFT
PILATUSHAUS

Hinaus ins Greene

Neben verschiedenen Altbundespräsidenten, Jungmillionären, Viehhändlern und anderen staatstragenden Elementen sollen in Zukunft auch so untergeordnete Herrschaften wie du und ich oder der Schlotterbeck Karl aus Fürth-Süd am Feierabend Golf spielen.

Wie alle Beteiligten versichern, ist nämlich Golf auf dem besten Weg zum Volkssport, bei dem man mit einer geringen Aufnahmegebühr in Form eines Jahresgehalts, sowie sieben bis acht würdigen Bürgern aus dem Adelstand oder dem altfränkischen Patriziat ohne große Mühe auf eine Warteliste kommt und nach allerhöchstens fünf bis sechs Jahrzehnten dann schon Mitglied in einem Golfklub ist.

Diese Bewegung wird jetzt noch forciert, indem man neben dem Adelstand auch den Odelstand hinzuziehen will. Infolge der Europäischen Gemeinschaft sind Felder, Wälder, Wiesen und Weinberge des fränkischen Bauern an sich ja hinfällig geworden, und man kann sie in Golfplätze umwandeln.

Es ist dringend notwendig: In Franken schreit die Situation des zukünftigen Volkssports zum Himmel, denn wir haben für vier Millionen, die auch einmal hinaus ins Greene möchten, nur sieben oder acht Golfplätze. Noch verschandeln bei uns teilweise Bäume, Büsche, Hecken, Salatstauden, Bohnenstangen, Sellerieknollen oder Vergißmeinnicht die Natur. Doch den dringenden Forderungen der Zeit kann sich auch das fränkische Land nicht mehr länger verschließen.

Die Zeit ist nicht mehr fern, wo statt einem Odelwagen ein Caddy seine Kreise zieht, hinter einer restaurierten Jugendstilscheune ein ganz normaler Gräfenberger Mensch einen Recovery durchzieht, daß ein Raunen durch die Landbevölkerung geht, und ein ehemaliger Rübenanbauer wie selbstverständlich ein Handicap 12 hat, von dem ein Gunther Sachs nur träumen kann.

Die Bewohner Frankens werden sich nicht mehr für die Aussaat von Feldsalat, für Hopfenzupfen oder Meerrettich interessieren, sondern sie werden entscheiden müssen, ob man auf Loch-zu-Loch-Basis spielt oder vielleicht doch die Stableford-Bogey-Variante vorziehen soll. Von den «Kunreuther Open» wird man weit bis nach Australien mit höchstem Respekt sprechen.

Noch ahnen die wenigsten Menschen bei uns irgendwas von einem Birdie, von einem Dreier-Eisen oder dem Einputten. Sie spazieren am Sonntagnachmittag durch den Steckerlaswald, ohne zu wissen, daß sie ihre Schritte über einen zukünftigen Fairway lenken.

Statt mühselig Kühe melken oder auf einer Traktor-Demo fahren, wird der fränkische Bauer bald seine Millionen verdienen, wenn er am 18. Green eingelocht hat. Der fortschrittliche Mann aus Hollfeld oder Hiltpoltstein braucht zu dieser landwirtschaftlichen Aufwärtsentwicklung lediglich noch eine Ausrüstung. Statt mit Hacke, Spaten und Rechen verdient er jetzt sein Geld im Hüftschwung mit einem Driver, einem Putter und einem Pitching Wedge. Dabei handelt es sich, wie jeder fränkische Einödbauer schon weiß, um Golfschläger.

Ferner benötigt man noch einen Caddy, Golfschuhe, Golfhosen, Golfpullover, Golfmützchen, Golfhandschuhe, Golfhemden und, falls man am Anfang seine Schläge noch leicht überzieht, einen Überziehungskredit.

Main und Pegnitz bilden den Golfstrom. Die Münchner Zentralregierung ist mit ihren Vorschlägen auf dem richtigen Weg, der Landwirtschaftsminister wird Golfminister. Auch können Landwirte, die jetzt sehnsüchtig auf ihre Umwandlung zum Golf-Profi warten, ohne weiteres von ihrem früheren Wertschatz profitieren. Wenn sie auf dem letzten Grün stehen, vor dem Loch vibrieren und zum alles entscheidenden Putt ausholen, werden sie sich an ihre Hühner auf dem abendlichen Heimweg in den Hühnerstall erinnern und flehentlich ausrufen: «Putt, Putt, Putt, Puuuuuutt, Putt, Putt, Puuuuuutt!»

Wou die Hoosn Huusn und die Hasen Hoosn haaßn

Glücklicherweise spricht ein Großteil der fränkischen Bevölkerung nach wie vor nur gebrochen Hochdeutsch. Fränkisch sprechen die meisten fließend. Salonbühnen- oder gar fernsehfähig ist dieser Dialekt mit ganz kleinen Ausnahmen trotz jahrzehntelanger Bemühungen noch nicht geworden.

Anläßlich kleiner Ausnahmen, zum Beispiel eine fränkisch besetzte Nebenrolle in einem Fernsehfilm, ist der überregionale Zuschauer meist fassungslos vor der Glotze gesessen und hat vielleicht bei dem Satz «Mach dei Goschn zou, wennsd mer scho mein Keeskoung wechfrissd, sunsd derffi widder die ganzn Bräiserla zammkiern!» gedacht, daß diese Dame einen japanischen Haiku oder sonst ein fernöstliches Sinngedicht vorträgt. Es handelt sich dabei aber um Mittelfränkisch, wie man es in Nürnberg-Gostenhof zwischen der Oberen und der Unteren Kanalstraße spricht.

Daneben gibt es noch die Dialekte oberes Unterfränkisch, unteres Unterfränkisch, Fichtelgebirgsfränkisch, Thüringisch-Fränkisch, Hohenloher Fränkisch, Oberfränkisch, Oberostfränkisch, Hinteroberostfränkisch, Rhönfränkisch, Landnürnbergerisch – um nur die wichtigsten zu nennen.

Fürth und Nürnberg sind im Grunde genommen nicht zwei Städte, sondern eine Stadt. Allerdings wird der Grenzverlauf auf beiden Seiten streng eingehalten, was auch für die Sprachgrenze gilt. Der Fürther Dialekt unterscheidet sich vom Nürnberger Dialekt wesentlich. Zum Beispiel sagt man zum Brötchen in Nürnberg Weggla, in Fürth Semmerli. Sollten sich, was selten vorkommt, ein in Aschaffenburg und ein in Weißenburg geborener Herr miteinander unterhalten, dann muß ein Simultandolmetscher hinzugezogen werden. Ein übergreifendes Hochfränkisch gibt es nicht.

Als einzigem ist es bisher dem Nürnberg-Fürther Mundartist Herbert Hisel gelungen, sich mit seinem Nürnberger Dialekt erst in Fürth, dann in Bamberg, Hof, Würzburg, Wien und später sogar in Amerika einigermaßen verständlich zu machen.

Den örtlichen Mundartdichterfürsten, denen auch heute noch am Feierabend wunderbare Knittelverse einfallen, soll man mit wenigen Ausnahmen mißtrauen. Die meisten schreiben so, wie garantiert kein Mensch spricht, machen sich schwerwiegende Gedanken über den Bierpreis, die Unhöflichkeit der Jugend, über zu lange Haare oder zu kurze Röcke und schürfen mit ihren Erkenntnissen so tief wie ein Lore-Roman.

Wundern muß man sich über die Provinzdichter und Hausmacherpoeten aber nicht, denn geistig schreibt man heute immer noch vom Flaschnermeister Konrad Grübel aus Nürnberg (1736 bis 1809) ab, der nach des Tages Müh und Plag und Blechpatschen abends noch schöne, biedermeierliche Mundart-Verslein rigoros in die Form preßte. Zum Beispiel so: «Wenn i su gschwink könnt flöing, su gschwink, Herr als Sie löing, nou wüßt i ober gwieß, i flöiget in drei Stund'n und eppet zwah Sekundn ganz sicher nouch Paris.»

Immerhin hat Konrad Grübel nebenbei noch ein bißchen an der Gesellschaft gekrittelt und gekratzt. So ist es gerade noch zu verstehen, daß der Nürnberger Hand- und Kopfwerker sogar vom deutschen Dichterfürsten persönlich gerühmt wurde. Goethe über Grübel: «Er hat Sachen gemacht von Humor und Natürlichkeit, die leicht ins reine Deutsch zu übersetzen wären und deren sich niemand schämen dürfte.»

Unabhängig vom Oberflächen-Grübler Grübel haben sich aber inzwischen ganz ohne fränkisches Vorbild fränkische Dialekt-Dichter zu Höhen hinaufentwickelt, daß sie teilweise schon im Literaturlexikon stehen. Und zwar mit Recht. Zu ihnen gehören der Berufs-Bamberger und Lektor Gerhard C. Krischker (Jahrgang 1947), promovierter Philosoph und Träger des Literaturförderungspreises der Stadt Nürnberg (1979), des Oberfränkischen Kulturpreises (1980) und des Wolfram-von-Eschenbach-Förderpreises (1985). Gerhard Krischker über den Krieg:

Modänn

Bombäjaggn
Milidärrilugg
Fliichädschiins
Follschirmblusn

Dä griich
kummd schains
wirrä in Modn

Was ins Amtsdeutsch übertragen ungefähr heißt:

Modern

Bomberjacken
Military-Look
Fliegerjeans
Fallschirmblusen

Der Krieg
kommt anscheinend
wieder in Mode

Der Nürnberger Dialekt-Lyriker Heinz Ehemann (Jahrgang 1931) scheut nichts so sehr wie die Öffentlichkeit. Er mag keine Interviews, keine Fotografen, keine Ehrungen, und den Eintrag seines Namens ins Telefonbuch hält er bereits für eine grobe Verletzung der Intimsphäre. So jemand kriegt nicht leicht einen Literaturpreis, auch wenn er ihn schon lange verdient hätte.

Heinz Ehemann schrieb weit vor der Zeit, in der man jetzt auch schon bei Hoechst & Co(nsorten) vom Umweltschutz spricht und bei den Generälen & Ko(mpanien) vom Abrüsten, über die Welt:

Aafbassn

Obachdgeem,
die Weld is gloodn,
die Weld is aafblousn wäi a Lufdballon.
Jeder sichds.
Jeder schbiirds.
und drodzdem fuchdlns andauernd
mid Schdeggnadln ummernander.

Auf Deutsch:

Aufpassen

Vorsicht,
die Welt ist geladen,
die Welt ist aufgeblasen wie ein Luftballon.
Jeder sieht es.
Jeder spürt es.
Und trotzdem fuchteln sie andauernd
mit Stecknadeln umeinander.

Über die Kleinbürger, die auch und vor allem in Nürnberg im Jahr 1933 die Macht – wie es hieß – ergriffen, fiel Heinz Ehemann der Fünfzehn-Zeiler ein:

Hausmasder

Iich sooch ja nix,
wenn die Miede scho widder naafgäihd,
wenns mer aa nedd baßd.
Iich sooch aa nix,
wenn die Benzinbanscher ihr Bräih
wäi Danzicher Goldwasser verkaafn,
iich hob suwiesuu ka Audo.
Mir is aa worschd,
wenn die Belzmändl deierer wärrn,
mei Alde brauchd kann.

Obber wenn däi neier Mieder – wenns vo
ihre Bardis hammkummer – maaner, sie
könndn die Hausdiir die ganze Nachd
offnschdäih loun,
dann wärri bollidisch.

Auf Deutsch:

Hausmeister

Ich sage ja nichts,
wenn die Miete schon wieder höher wird,
wenn es mir auch nicht paßt.
Ich sage auch nichts,
wenn die Tankwarte ihre Brühe
wie Danziger Goldwasser verkaufen,
ich habe sowieso kein Auto.
Mir ist es auch gleichgültig,
wenn die Pelzmäntel teurer werden,
meine Alte braucht keinen.

Aber wenn die neuen Mieter – wenn sie von
ihren Parties heimkommen – meinen, sie
könnten die Haustüre die ganze Nacht
offenstehen lassen,
dann werde ich politisch.

Auf Hohenloher Fränkisch, also schon halb schwäbisch, schreibt sich der Rothenburger Stadtkämmerer Wilhelm Staudacher (Jahrgang 1928) die Aussicht auf Aussichtslosigkeit von der Seele.

'S kou kaans nix drfür
's kou ka Ratt nix drfür,
daß er e Ratt ist
(und ka Aachhörrle nit,
des wu'd Leit streichle und hätschle
und füetere mit Plätzli und Käere
und mit wunder wer waaß wos).

's kou ka Spootz nix drfür,
daß er nix noechplappere kou,
en Papagei gleich,
daß er nit gfiidert ist, farbi,
wie aus en Moelkaste raus,
und daß er ka Fedder verliert,
wu anaer juxt, wenn ersch find'
und steckt's auf sem Huet si.

s'kou ka Kind nix drfür,
daß braun is wie Tiikholz
doe in den Land
und daß kraislt se Hoor sin
und kaans, wu e Buckele hat,
daß sou is
(die Noet stäeht manchmoel am Kindbett
und gschaut bitter nei d'Kisse),

und kaans kou ebbes drfür,
daß auf en Noeme horcht,
auf en fremde
aus en biblische Land.
s'kou kaans nix drfür.

Und doch singt's laut in die Gäßli
manchmoel
verächtli, oehne Mitlaad
(in die Gäßli nit nr: überol).
Und die Hautfarb brennt wie Feier
dem Kind auf'n Leib
(s'kou nix drfür)
und dr Buckl drückt
wie e staanie Last
(und die Noet wechst weiter
und wird unmenschli groeß),
und ou en Noeme entzünd si
Feindschaft zmoel
und Freind weiche aus auf aamoel
wie anno doezumoel
im biblische Land –
und s'kou doch kaans nix drfür.

Auf Deutsch: Es kann keine Ratte etwas dafür, daß sie eine Ratte ist (und nicht ein Eichhörnchen, das die Leute streicheln und hätscheln und mit Plätzchen und Körnchen füttern und mit wer weiß noch was). Es kann kein Spatz etwas dafür, daß er nicht nachplappern kann, einem Papagei gleich, daß er nicht gefiedert ist, farbig, wie aus einem Malkasten heraus, und daß er keine Federn verliert, bei denen sich jemand freut, wenn er sie findet und sie sich auf den Hut steckt. Es kann kein Kind nichts dafür, daß es braun ist wie Teakholz da in dem Land und daß seine Haare gekräuselt sind, und keines kann etwas dafür, daß es einen Buckel hat (die Not steht manchmal am Kindbett und schaut bitter ins Kissen), und keines kann etwas dafür, daß es auf einen Namen hört, auf einen fremden aus einem biblischen Land. Es kann niemand etwas dafür. Und doch singt es laut in den Gassen manchmal, verächtlich, ohne Mitleid (nicht nur in den Gassen: überall). Und die Hautfarbe brennt wie Feuer dem Kind auf dem Leib (es kann nichts dafür) und der Buckel drückt wie eine steinige Last (und die Not wächst weiter und wird unmenschlich groß) und an einem Namen entzündet sich die Feindschaft und Freunde weichen aus auf einmal wie anno dazumal im biblischen Land – und es kann doch niemand etwas dafür.

Fitzgerald Kusz (Jahrgang 1944) ist Frankens Parade-Poet und der einzige Mundart-Literat, den man in München, Stuttgart, Hamburg und Berlin mindestens genau so gut kennt wie in seinem Heimatdorf Kleingeschaidt gleich hinter Heroldsberg. Sein dramaturgischer Konfirmations-Permanentling «Schweig Bub» ist in fast alle deutschen Dialekte übersetzt worden. Der Englischlehrer a. D. und hauptberufliche Stückeschreiber für Film, Funk und Fernsehen lebt in der Nürnberger Nordstadt und schreibt im Landnürnberger Dialekt.

Mittagspause

a frau schläifd afferm schdoll
und laand ihrn kubf annä regool hii
ä verdlschdindlä schbeedä
iss deä schdoll
widdä ihr arbeidsbladz
und affm regool lieng di schraum
vo dennern wous
ibä fimbfhunnerd in dä schdund
affä suä gehäuse schraum mou
daß aff ihrn akkord kummd

Auf Deutsch: Eine Frau schläft auf einem Stuhl und lehnt ihren Kopf an ein Regal. Eine Viertelstunde später ist der Stuhl wieder ihr Arbeitsplatz und auf dem Regal liegen die Schrauben, von denen sie über fünfhundert in der Stunde auf so ein Gehäuse schrauben muß, damit sie auf ihren Akkord kommt.

Man sieht aus diesen Gedichten, daß sich der fränkische Dialekt alle paar Kilometer verändert, daß er sich trotz aller hochdeutscher Bemühungen und bayerischer Repressionen hartnäckig hält und daß er eigentlich unübersetzbar ist.

Der berühmte fränkische Humor

Lieber wieder eine Kommunalwahl oder eine Landtagswahl, mögen jetzt vielleicht manche Menschen unterm Tisch seufzen, als einen Karneval. Aber vom Faschingsfreitag bis zum Ascherdienstag sind unweigerlich die fünf dollen Daache und man wird sich dem Frohsinn, der Freude sowie dem einen oder anderen Konfetti kaum entziehen können.

Das wichtigste im überall tosenden fränkischen Fasching ist der Büttenredner. Er steht auf jeder Faschingsveranstaltung wie der Fels in der Brandung und erschüttert von der Bühne aus das Vorgartenzwerchfell seiner Mitmenschen mit sehr schönen Witzen.

Bei diesem Beruf liegt natürlich noch vieles im Dunkeln. Was am meisten in uns bohrt, ist die Frage, wo bringt so ein Beherrscher des fränkischen Humors seine ganze Gaudi her? Wer schon einmal beim Verfassen einer Büttenrede mitwürgen hat dürfen, der weiß Bescheid.

Es beginnt damit, daß sich der Büttenredner mehrere Flaschen Streitberger Magenbitter mit in seine Bibliothek nimmt und vielleicht noch seine Frau und sechs bis sieben gute Freunde. An diese Personen wird dann zu gleichen Teilen der Magenbitter verteilt und danach verschiedene Witzhefte. Zum Beispiel das Standardwerk des fränkischen Frohsinns «Humor ist, wenn man trotzdem lacht», dann noch «Lachen ist die beste Medizin», «Die internationale Lachparade», «Der kleine Lachsack» Teil I, «Der kleine Lachsack» Teil II, «Lachen links und rechts der Pegnitz» oder «So lacht der Franke».

Aus diesen Werken werden die schönsten Witze ausgesucht, die der Humorist dann wie aus dem Stegreif seinem erstaunten Publikum mitteilt. Da der Franke von Natur aus ein höflicher Mensch ist, lacht er darüber. Durch die Ausstrahlung, die so ein Büttenredner hat, und das Abschreiben aus Witzheften kann man ihn und seine Helfershelfer auch als Wiederaufbereitungsanlage und Abschreibungsgesellschaft umschreiben. Dädä, Dädä, Dädäääää! Letztere drei Worte bilden einen Tusch, der stets nach der Pointe, fränkisch Beunde, gespielt wird.

Am gelungensten ist so ein Abend in der Werkstatt eines Büttenredners aber, wenn die einzelnen Berater anfangen, Witze aus dem eigenen Repertoir zu erzählen. «Wallsd grood Vuurgarddnzwerch saggsd», äußert sich einer der Hilfs-Humoristen, «dou fälld mer aa anner ein. Also, dou kummd a Lillibuddaner innern Medzgersloodn nei und hubfd ...hald naa, anderschd. Dou kummd a Medzger innern Lillibuddanerzirgus. Naa verkeerd. Momend amol. Edzer hald amol Eier Waffl! Dou kummd innern Lillibuddanerloodn der Zirgusmedzger, und dou hubfd nocherdla...dou hubfd also der Dings...edzer hobbin vergessn.» Dädä, Dädä, Dädää!

Wie im Flug sind beim Anfertigen einer Büttenrede also fünf Stunden, zwanzig Witzhefte und vier bis fünf Flaschen Streitberger Magenbitter vergangen. Der Büttenredner hat währenddessen alles fein säuberlich in seinen Leitz-Ordner hineingeschrieben, verbindet dann noch alles künstlerisch mit dem roten Faden, der sich durch die Witze hindurchzieht, setzt seinen grünen Hut auf und die rote Nase und erheitert unter verschiedenen Künstlernamen wie «Der Gerch vo Gräfenberch», «Der Kapo von Zabo» oder «Der Doof von Hof» die Menschen im Schweiße seines Angesichts.

Wir sehen also daraus, daß die Wiege des fränkischen Humors in Witzheften und im Streitberger Bitter zu finden ist. Und weiterhin sehen wir, wie hart ein Vertreter dieses fränkischen Humors arbeiten muß. Wir sollen ihn also darum keinesfalls verspotten, oder gar über ihn lachen.

Fränkische Kirchweihbräuche

Frankens berühmteste Kärwa ist die am Walberla, beziehungsweise die Erlanger Bergkirchweih, oder vielleicht die Johannis-Kärwa in Nürnberg, die Bamberger Sandkärwa, respektive die Fürther Kirchweih, das Hofer Schlappenfest, oder die Kärwa in Wendelstein, in Almoshof, Boxdorf, Schweinau, und keinesfalls zu vergessen ist die weltberühmte Kärwa von Hinterdipfelsbach.

Es hängt vom jeweiligen Fremdenverkehrsdirektor ab, welche Kirchweih die weltberühmteste ist. Auf jeden Fall muß man hin, weil wir neuerdings auch bei Sardinenweckla, Geisterbahn und Vollräuschen ein Marketing-Konzept haben.

Immer kurz vor Pfingsten wird zum Beispiel die berühmteste aller berühmtesten Kirchweihen, nämlich die Erlanger Bergkirchweih, feierlich angezapft. Erlangen ist neben einer mark-gräflichen Stadt auch eine Stadt der Radler. Und deswegen weiht der Erlanger Oberbürgermeister seine Kärwa selbstverständlich mit einer ansonsten ungenießbaren Radlermaß ein.

Alles weitere spielt sich dann laut einem Werbetext ungefähr so ab: Wir sitzen mit unserem grünen Hut auf einer Bank unter blühenden Kastanien, im Maßkrug spiegelt sich ein azurblauer Himmel, ein Bratwurstlüftchen vermischt sich mit dem Duft von Maiglöckchen, und der Friede des Herrn und der daheimgebliebenen Frau Gemahlin ist mit uns allen. Es sind Tage wie Samt und Seidel auf so einer fränkischen Kärwa.

In diese Verlautbarungen aus der Klischeeanstalt passen auch unsere ebenfalls außerordentlich berühmten fränkischen Kirchweihbräuche sehr gut. Als erstes haben wir bei diesem Brauchtum den Kirchweihbaum. Dieser wird von den sogenannten Kirchweihburschen feierlich aufgestellt und noch in der gleichen Nacht von einem Kommando Paul Preller gestohlen. Die Kärwagaudi strebt damit unweigerlich ihrem Höhepunkt zu, und mündet im Morgengrauen in Trümmer Schelln für alle Beteiligten.

Die allerlustigsten Fälle von Brauchtum wie schwere Körperverletzung oder versuchter Totschlag werden am Gericht weiterbehandelt.

Ein sehr schöner Brauch ist auch das sogenannte Kirchweih-Rempeln. Dabei ziehen wiederum die Kärwa-Burschen durchs Bierzelt, rempeln einen älteren Herrn mit den weihevollen Worten «Bassder wos nedd, Vadder?!!», worauf sich der ältere Herr kurz nach einem eindrucksvollen doppelten Salto statt vor seinem Maßkrug in der Unfallklinik wiederfindet. Regional verschieden werden dabei

Seite 57:
So bewässerten die Bauern an der Regnitz *jahrhundertelang ihre Wiesen und Äcker. Das Wasserschöpfrad in der Nähe von* Möhrendorf *ist inzwischen längst im Ruhestand.*

Seite 58:
Freilandmuseum und Fischbassin: In den seit Ende des 17. Jahrhunderts bestehenden Holzkästen werden heute noch in Forchheim *die Fische gewässert. Die* Wiesent *(hier das Wehr an der* Sachsenmühle*) fließt mitten durch die Fränkische Schweiz und gehört zu den wenigen Gewässern in Deutschland, die noch nicht an größeren Vergiftungserscheinungen durch Kunstdünger und Industrieabwasser leiden.*

Seite 59:
Jedes Wochenende rennen die Städter dem Hohenschwärzer *Kleinbrauer Hofmann das Wirtshaus ein. Das dunkle Starkbier wird noch nicht computergesteuert hergestellt und schmeckt folglich auch wie es schmecken soll – bis zum letzten Hofmanns-Tropfen süffig. Gelagert werden die immer noch reichlich gebrauten fränkischen Landbiere meist in den in Fels geschlagenen Kellern, wo die Temperatur das ganze Jahr über konstant zwischen sechs und zehn Grad beträgt. Wo es noch Felsenkeller gibt – zum Beispiel in Forchheim, in Buttenheim, in Erlangen am Berg oder im südlichen Mittelfranken in Wettelsheim – wird es dem Biertrinker nicht passieren, daß der Schaum überm Krug schon beim ersten Hinschauen zusammenfällt.*

Seite 60:
Fachwerkhaus in Forchheim: Das Städtchen an der Mündung der Wiesent in die Regnitz gehört zu den älteren Siedlungen Frankens. Die Pfarrei und der Königshof sind Gründungen der Merowinger und werden schon im Jahr 805 in einer Schrift Karls des Großen erwähnt.

Seite 61:
Unberührte Natur – zumindest werktags: An Sommer-Wochenenden stehen aber auch an der Wiesent (hier oberhalb von Behringersmühle*) die Angler und die Paddler Schlange. «Aber gegen das, was sich in Oberbayern abspielt», verriet ein Münchner Kajakfahrer in der Fränkischen Schweiz, «habt Ihr hier noch ausgesprochen paradiesische Zustände.»*

Seite 62:
Wesentliche Wanderziele in der Fränkischen Schweiz: Der Gipfel des Walberla, *hochdeutsch* Ehrenbürg, *und die* Bläih, *hochdeutsch die* Kirschenblüte, *die im Frühjahr von Kalchreuth bis hinaus nach Kappl zu bewundern ist. Im Herbst ist dann der selbergebrannte Kirschenschnaps zu bewundern.*

Seite 63:
In Tüchersfeld *unterhalb der fast schon hochalpinen Felsen steht das* Fränkische-Schweiz-Museum.

Seite 64:
Eine der zwei Sehenswürdigkeiten von Gößweinstein: *Die im 13. Jahrhundert schon zum Besitz der Bamberger gehörende Burg. Unterhalb der im 19. Jahrhundert zum Märchenschloß verwandelten Burg steht die Wallfahrtskirche zur Heiligsten Dreifaltigkeit, die nach Plänen von Balthasar Neumann 1730 bis 1755 gebaut wurde.*

Fischkästen
zur Aufbewahrung von
Fischen
seit etwa 1680

Buchhandlung
STREIT
Schreibwaren
BUCHHANDLUN
Doris Lessing im dtv
Rowohlt
5

CAFE
Bäckerei Müller
Luftkurort
Felsendorf
Tüchersfeld
Unterailsfeld 3 km
Fränkische Schweiz-Museum

Festliches Treiben vor dem Würzburger Tor in Rothenburg o. d. Tauber.

Mopedketten, mit Bleikugeln gefüllte Gartenschläuche oder Schlagringe verwendet.

Als drittes wissen wir noch was von einem mehr sportlichen Wettbewerb, dem Maßkrugzielwerfen. Dabei suchen wir uns in etwa zehn Metern Entfernung einen markanten Kopf und schleudern unseren Maßkrug auf ihn. Mit mehreren Maßkrügen erzielt man eine bessere Streuwirkung und erhöht dadurch die Trefferquote. Auch dieser alte fränkische Kirchweihbrauch zieht normalerweise Schädelbrüche, Platzwunden und abgebissene Ohrläppchen nach sich. Anschließend erscheinen die Sanitäter in der fränkischen Farbgebung: Rotes Kreuz auf weißem Grund.

Essen in Franken

Wenn es die Münchner auch nicht offen zugeben – insgeheim sind sie fast alle Liebhaber der fränkischen Küche. Und trotz ihrer vortrefflichen Weißwurst, die optisch an einen Radiergummi und geschmacklich an nichts erinnert, reißen sich oberbayerische Gourmets um nichts so sehr wie um eine fränkische Stadtwurst, einen Preßsack, den es in den beiden Landesfarben Rot und Weiß gibt, oder um Bratwürste.

Diese fränkischen Bratwürste verhalten sich ungefähr so wie die fränkischen Dialekte, nämlich sehr uneinheitlich. Die Coburger Bratwürste zum Beispiel dürfen nur auf Tannenzapfen gebraten werden und sind ziemlich lang. Was man wiederum von den Nürnberger Bratwürsten auf keinen Fall sagen kann. Eine Nürnberger Bratwurst ist rein zentimentermäßig ein ausgesprochenes Kleinod.

Neben Krautwickerla, Schäufele, Apfelküchla, Fleischküchla, Spargel, Hopfensalat, Schwarzwurzeln, kalten Naundscherla und warmen Druudscherla, Kärwa-Kichla und anderen Feinheiten, die trotz ihrer stattlichen Größe rein sprachlich meist in der Verkleinerungsform vorkommen, ist ein wichtiger Bestandteil der fränkischen Küche zwischen Main und Altmühl der Karpfen.

«Im Herbst sterbst» – dieses wesentliche Sprichwort über die Vergänglichkeit gilt weniger für den Menschen, der bekanntlich stündlich und nicht nur im Herbst mit seiner Abberufung rechnen soll, sondern für die Karpfen. Wenn die Kastanien aufplatzen, der Mond nachts schon so bleich ist wie ein zu früh verlorenes Hühnerei und die Luft in der Früh wie zum Anfassen ausschaut, dann müssen sich die graublauen Weiher-Haie von dieser Welt verabschieden und sich auf ihre letzte Kreuzfahrt in der Bratpfanne vorbereiten.

Die besten Karpfen wachsen schon seit Jahrhunderten im Aischgrund, in der Fränkischen Schweiz, in der Ansbacher Gegend und im Aquarium von Engelbrecht. Und wenn man Glück und vierzehn Tage Zeit hat, dann beißt so ein pensionierter Schlammgleiter manchmal auch im alten Ludwigskanal an. Dort haben sie nach der Zubereitung aber oft einen Beigeschmack von rostigen Bettgestellen, Fahrradrahmen, alten Küchenbüffets oder was der fortschrittliche Mensch sonst gern bei Nacht in den Kanal zu schmeißen pflegt. Sonst ist die Anfertigung von einem gebackenen Karpfen ziemlich einfach. Drei Jahre soll der Flossenmeier ungefähr alt sein, wenn seine Tranfunzel für immer ausgeblasen wird. Man läßt also den Fischweiher ab, zieht die fränkische Spezialität am Schwanz aus dem

Schlamm und schmeißt sie zum gründlichen Wässern in eine Zinkbadewanne. Dann zeigt man den erstaunten Karpfen mit einem einstudierten Karateschlag endgültig, wo der Barthel den Most holt, nämlich genau im Genick, entfernt ihnen mit Alpecin forte die gröbsten Schuppen und wartet auf einen wehmütigen Oktobersonntag, wo man sie anläßlich der Allerweltskärwa blau, gebacken oder expressgeräuchert ihrer Bestimmung übergibt. Die vierte Möglichkeit, einen Karpfen zu essen, ist die im Wirtshaus. In den renommierten Fischküchen werden die Aischgründer manchmal auch Goldfische genannt, erstens wegen ihrer kleinen Größe und zweitens wegen ihres Gewinnzuwachses während der Metamorphose vom Teichbewohner zum Wertpapier auf der Speisekarte.

Ein wichtiges Kapitel beim Karpfen ist auch die richtige Handhabung beim Verzehr. Am einfachsten merkt man sich, daß der Karpfen weder mit dem Schraubenzieher, noch mit einer Heugabel verspeist werden darf, sondern mit dem Fischbesteck, das dafür am wenigsten geeignet ist. Dieses Besteck hat den Vorteil, daß man mit ihm fast nichts erwischt. Nach etwa eineinhalbstündigem fachgerechtem Herumsäbeln nimmt man dann die Hände zu Hilfe.

Die zweite schwierige Hürde ist das Knochengerüst des halbierten Fischs, das aus ungefähr zwanzigtausend Gräten besteht und den Krankenhäusern im Herbst viele Luftröhrenschnitte beschert. Vor dem Fischessen muß man auch wie gebannt auf etwaige Bewegungen seines Sonntagsbratens schauen. Wenn er zum Beispiel beim ersten vorsichtigen Angriff noch nach dem Fischmesser schnappt, dann ist er noch nicht richtig durchgebacken und muß bis zu seinem endgültigen Tod erneut in die mit siedendem Butterschmalz gefüllte Pfanne.

Äußerst wichtig ist auch die rotweiße kleine Flagge, die als eine Art Trauerfahne am Zahnstochermast in seinem Rücken steckt und auf der in vornehmeren Häusern zum Beispiel der Sonderpreis von 34,50 Mark zu lesen ist. Glücklicherweise gibt es aber auch noch Karpfen, deren Inhaber großen Wert auf eine soziale Preisgestaltung legen. Gegen Aufpreis ist der Karpfen auf dem meist viel zu kleinen Teller mit vielen Extras ausgestattet. Unter anderem mit einer Zitrone im Maul, Petersilie in den Flossen und, für pietätvolle Gäste, einer getönten Brille über den Augen, weil einen die Viecher beim Essen immer so traurig anschauen, daß es dem Tierfreund das Herz brechen möchte.

Der Spargel

Wie schon kurz erwähnt, gehört zu den wichtigen fränkischen Nationalgerichten auch der Spargel. Das unterirdische Gemüse wächst und gedeiht unter anderem im Knoblauchsland zwischen Nürnberg, Fürth und Erlangen, oder am Main, oder in der Gegend um Spalt oder in Dosen. Frisch aus der Heimaterde gibt es den Spargel nur von April bis Johanni am 24. Juni. Was vor oder nach diesen Stichtagen auf den Tisch kommt, stammt also aus der Dose.

Angenommen, es ist Mai und auch sonst ein halbwegs normaler Frühling, dann leiden die Spargelbauern um diese Zeit meist an starken Rückenschmerzen. Weil man in unserem vollautomatischen Plastik-Zeitalter zwar eine Kuh elektrisch melken kann, aber immer noch keinen hydraulischen Spargelheber erfunden hat, müssen die Bauern jetzt halt ein paar Wochen lang wie der Glöckner von Notre Bahndamm auf seiner letzten Wallfahrt durch die Ackerfurchen rutschen und den wichtigsten aller fränkischen Bodenschätze Stengel für Stengel aus der sandigen Heimaterde graben. Nicht sehr erfreut sind beim ersten Auftauchen der gebündelten Blaßmänner am Markt auch die Hausfrauen, weil zu den ehelichen Pflichten leider auch die ordnungsgemäße Pflege von täglich mindestens vier Pfund Stangenspargel gehört und das mühselige Abschälen wahrscheinlich seinerzeit ein gewisser Herr Sisyphus erfunden hat. Völlig hilflosen Spargelzubereitern ist am Anfang vielleicht zu einem Bleistiftspitzer zu raten, wodurch allerdings auch die Portionen entschieden kleiner werden. Was bei der Preisgestaltung keine unerhebliche Rolle spielt.

Jedes Jahr erhöht sich der Spargelpreis ungefähr um eine Mark, pro Milligramm. Wir sollen uns aber wegen einem eventuellen kleinen Börsenkrach daheim mit dem Ehepartner keine Gedanken machen, und mindestens siebenmal in der Woche zum Spargelessen gehen.

Spargel hilft gegen Leberschrumpfung, Gallensteine, Blasenleiden, Senkfüße, Blattläuse und dem Vernehmen nach auch gegen Störungen im erektiven Nervensystem. Folglich gibt es für den Spargelesser zwei Möglichkeiten. Entweder er sucht vorher seinen Vertrauensarzt auf, läßt sich eines der obigen Leiden bestätigen und erhält seine Portion Spargelsalat auf Krankenschein. Oder man hat zufällig fünfzig Tage lang Geschäftsbesuch und ißt ihn statt auf Sauce Hollandaise auf Spesen.

In einem richtigen fränkischen Spezialitäten-Restaurant soll man am besten mit einem Leih-Porsche vorfahren, ein seidenes Hemd und eine seidene Krawatte tragen und in der linken inneren Brusttasche das Neue Testament bei sich führen. Man kann dadurch sofort beim Ausstellen der Rechnung zitieren: «Herr vergib ihm, denn er weiß nicht, was er tut.» Und außerdem wölbt sich die Taschenbibel nach außen und vermittelt den Eindruck einer dicken Brieftasche. Einen derart maskierten Hinterhofrat hält jeder Wirt sofort für einen bekannten Altunternehmer, und man muß bei der Spargelbestellung nicht erst seinen Kontoauszug oder sonst eine Banksicherheit vorweisen. Auch beim Spargel ist selbstverständlich das fachgerechte Essen von großer Wichtigkeit. Für den Verzehr gibt es seit Jahrhunderten fest geregelte Einfuhrbestimmungen in den Mund. Wer sich aber lieber ein paar Ohrfeigen seitens des Wirtes zuziehen möchte, schneidet den Spargel mit Messer und Gabel in ganz kleine Stücke und ißt ihn dann völlig normal wie ein Gulasch oder Hühnerfrikassee. Diese Eßart zieht außerdem meistens auch ein Lokalverbot nach sich wegen Spargelbruch. Vom schon geschilderten Waffelbruch ganz zu schweigen. Gemäß dem guten Ton sticht man mit der Gabel direkt hinterm Kopf hinein. Nicht hinterm eigenen Kopf, den wir vielleicht später noch irgendwie benötigen, sondern hinter dem Spargelkopf. Sodann führen wir ihn in den Mund ein und schieben mit der Gabel nach. Am Schluß macht es laut und deutlich «Schlbbbbfff». Dieses Geräusch kündet uns und allen anderen Gästen im Umkreis von hundert Metern an, daß der Spargel vollends und vorschriftsmäßig seiner Bestimmung im Schlund übergeben ist.

Bratwürste

Johann Wolfgang von Goethe, wer sonst, ließ sich Bratwürste von Nürnberg nach Weimar per Eilpost schicken, Jean Paul lobte blumig «die Würste sind meinem Magen schöne Vergißmeinnicht» und ein Spezialitäten-Tester aus der Biedermeierzeit kam zu dem Ergebnis: «Ein niedlich Ding, nicht größer als ein Gedankenstrich, aber unnachahmlich lecker. Der Wirt sieht es lieber, wenn der Gast sechs, als deren drei verzehrt.»

Früher müssen die Fremdenverkehrsdirektoren von größeren Städten unheimlich verfressen oder nebenbei Metzger gewesen sein. Weil ihre urbanen Schatzkästlein und Reichskleinodien weniger durch irgendwelche exhumierten Kulturdenkmäler berühmt geworden sind, sondern durch Wurstschnerpfel. Aus der Hauptstadt der Doppel- und Doppelliter-Monarchie stammen zum Beispiel die weltweit bekannten warmen Wiener, übrigens eine fränkische Erfindung. Dann gibt es noch den Prager Schinken, die Göttinger und die Frankfurter Würstchen, die Lyoner, die Zungenwurst aus Berlichingen, die Regensburger Knackwurst, den Hamburger und die Münchner Weißwürste. In Nürnberg, wo bekanntlich alles ein bißchen kleiner ist, vom Wolkenkratzer bis zur durchschnittlichen Körpergröße, dominiert neben der beleidigten Leberwurst seit ungefähr siebenhundert Jahren der Däumling der Metzgereiprodukte – die fünf Zentimeter lange Rostbratwurst. Im Jahr 1313 ist der Schrumpfbrätling zum ersten Mal auf einem Verzehr-Bon von Kaiser Konrad urkundlich erwähnt worden, anläßlich eines Wettbewerbs im Wurschtschnappen im Gasthaus «Zur Blauen Glocke», aus dem später dann das «Bratwurst-Glöckle» an der Moritzkapelle und noch später, im Jahr 1945, ein Trümmerhaufen wurde.

Die Rostbratwurst gibt es aber heute noch, und zwar in drei Ausführungen. Das Standardmodell ist gebraten, schaut ungefähr so aus wie die Frau Regenwurm im achten Monat, und ist in den Geschmacksvariationen von Vanille bis Salzbergwerk erhältlich, je nachdem, wie stark der Metzger am Abend getrunken und am anderen Früh in der Gewürzkiste daneben gegriffen hat. Die Urform ist die nackerte Bratwurst, die man roh mit Salz und Pfeffer und am besten auch mit geschlossenen Augen ißt. Außerdem gibt es noch die sauere Bratwurst im Essigsud, die auch Blauer Zipfel genannt wird. Die Gewürze halten die berühmtesten Nürnberger Bratwurstbrater

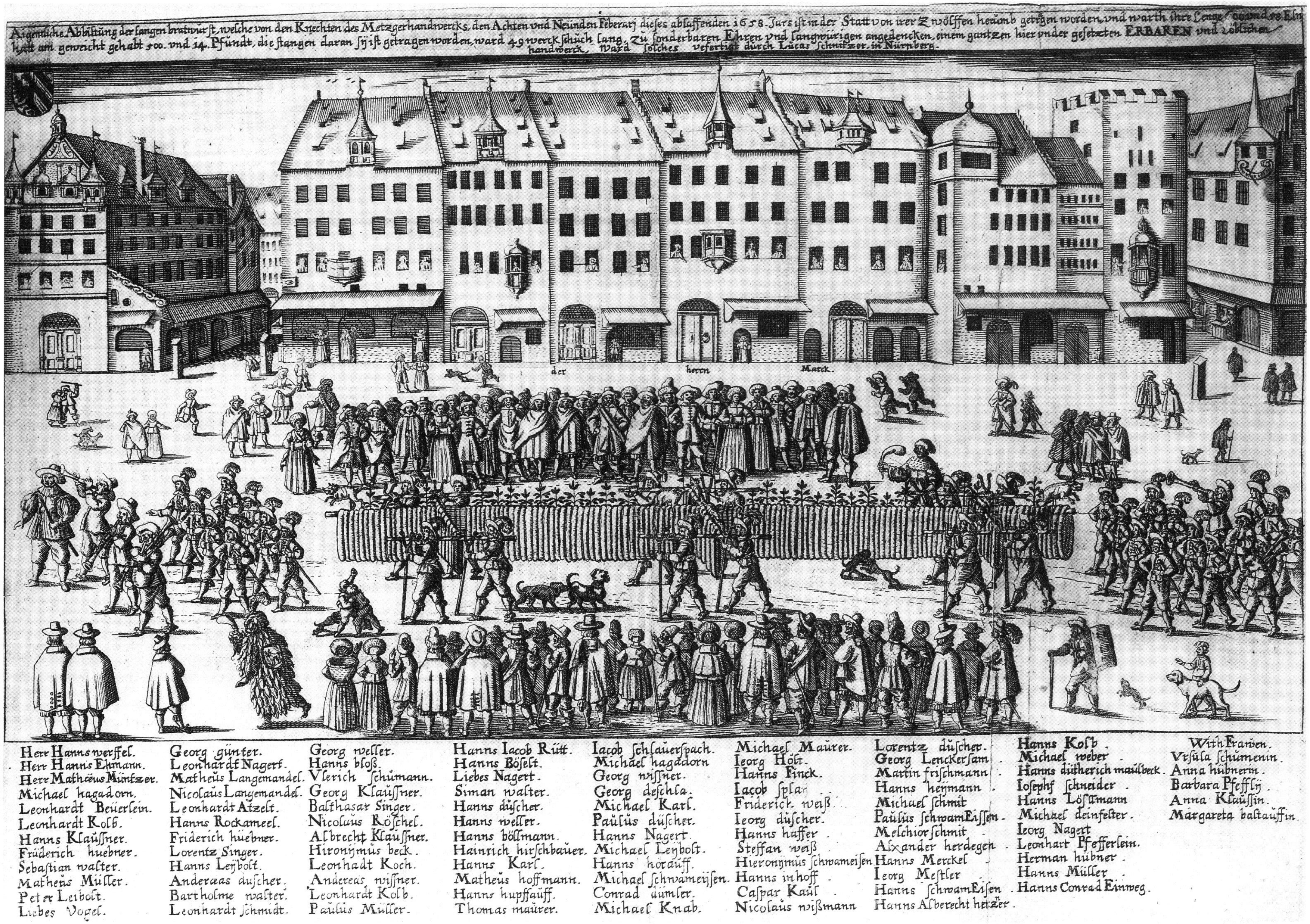

Umzug des Nürnberger Metzger-Handwerkes mit einer 658 Ellen langen Bratwurst am 8. und 9. Februar 1568 (von Lukas Schnitzler).

mindestens genau so geheim wie ihre Kontoauszüge in der Schweiz. Viel wichtiger sind aber die Beilagen. Touristen bestellen meistens Kartoffelsalat, Kraut oder Meerrettich, weil sie nicht wissen, daß die Nürnberger Rostbratwürste nur mit Obst genießbar sind. Also zum Beispiel mit Zwetschgenschnaps, Himbeer- oder Schlehengeist.

Die Klöße

Von fränkisch Thüringen oder thüringisch Franken bis nach Treuchtlingen kann ohne rohe Klöße kein sonntägliches Mittagessen stattfinden. Aber auch im Kartoffelbereich hat die Automatisierung ihre Spuren hinterlassen, so daß diese rohen Klöße, auch Gniedla genannt, inzwischen schon eine sehr rare Spezialität geworden sind. Selbstverständlich kriegt man in jedem Wirtshaus zum Schäufele, zum Schweinebraten oder zum Tennisspielen sogenannte rohe Klöße. Wobei es sich aber nur um abgelaschte Abziehbilder von richtigen rohen Klößen handelt. Die Plastikbomber sind aus einem fertigen Kloßteig, haben eine schneeweiße Farbe, wie wenn es ihnen gerade schlecht werden möchte und schmecken irgendwie fernöstlich nach dem Nirwana, beziehungsweise nach nichts.

Richtige rohe Klöße hingegen sind eine Ausnahmeerscheinung. Schon allein von der Sprache her. In der Einzahl sagt man «das Klöß» und in der Mehrzahl «däi Gniedla». Zum Anfertigen der Klöße braucht man lediglich Kartoffeln, oder wie man sich in der Vorstadt auszudrücken beliebt: Potacken. Ein Drittel wird gekocht und wie ein Stopfer gestampft, und die anderen zwei Drittel riechen nach Arbeit. Sie müssen im rohen Zustand über das Reibeisen geschrubbt werden. Bis zum letzten Schnipsel. Dieser wenig kreative, aber körperlich sehr anspruchsvolle Arbeitsgang muß meistens vom Ehemann verrichtet werden. Familien, in denen es noch richtige rohe Klöße gibt, erkennt man daran, daß der Vater von der Arbeit am Reibeisen keine Fingerkoppen mehr hat.

Die geriebenen Kartoffeln werden danach im sogenannten Kartoffelsäckchen ganz fest ausgepreßt. Bis keine Brühe mehr rausläuft und dem Vater vor lauter Zusammendrücken unter Umständen das eine oder andere Mißgeschick passiert ist. Man öffnet deswegen bei der Kloß-Manufaktur auch gern das Küchenfenster einen Spalt breit. Die gekochten und die geriebenen Kartoffeln werden anschließend zu einem Lebberi-artigen Teig verrührt, leicht geschwefelt und dann mit Klößbrot im Innern zu ziemlich großen Kugeln gerollt. Dabei gilt die bekannte Faustregel: Je größer die Hände, desto größer die Gniedla. Anschließend werden sie zwanzig Minuten lang in kochendes Salzwasser gelegt. Und wenn so ein Klöß aufgemacht auf dem Teller liegt, von einer fetten Soß weich umspült, daneben das Pfaffenstück einer röschen Gans ruht, linkerhand der Sellerie und der Feldsalat, rechterhand ein Schoppen Silvaner – dann kann ein Franke ohne weiteres auf frische Austern oder auf Vinaigrettebrätchen an Trüffeln und andere kulinarische Pretiosen verzichten.

Seite 73:
Der Haupteingang zur fränkischen Bilderbuchstadt: Das Rödertor *in* Rothenburg. *Die einstige freie Reichsstadt über der Tauber gehört zu den meistbesuchten Orten Deutschlands.*

Seite 74:
Im Zweiten Weltkrieg teilweise zerstört, von einem US-General vor der totalen Vernichtung gerettet und nach dem Krieg bis ins kleinste Detail restauriert: der Erker des Jagstheimer Hauses *in Rothenburg, davor der Heilige Georg des* Herterichbrunnens, *der Wehrturm an der* Spitalbastei *und das* Rathaus.

Seite 75:
Schriftlich und historisch haltbar überliefert ist die Geschichte vom trinkfesten Rothenburger Bürgermeister Nusch zwar nicht, aber eine Zierde des Giebels der Ratsherrentrinkstube. *Nusch soll auf Befehl des Feldherrn Tilly im Jahr 1631 einen Drei-Liter-Humpen Wein auf ex getrunken und dadurch die Stadt vor der Zerstörung gerettet haben. Die Legende vom Meistertrunk kann man links und rechts von der Kalenderuhr täglich zwischen 11 und 15 Uhr zu jeder vollen Stunde besichtigen.*

Seite 76:
Wehrturm und ein Teil der im 14. Jahrhundert entstandenen Stadtbefestigung Rothenburgs.

Seite 77:
So ruhig wie hier im Winter (oben) oder ein paar Wochen vor Eröffnung der Bade-Saison (unten) geht es im neuen fränkischen Seengebiet nicht immer zu. Schon haben die Wassersportler aus Stuttgart und aus München entdeckt, daß es sich in Frankens westlicher Ecke preiswert Urlaub machen läßt.
Innerhalb von rund zehn Jahren wurden in der Altmühl-Region *zwischen Wäldern, Äckern und kleinen Bauerndörfern fünf Stauseen aus dem Boden gestampft und feierlich zum Freizeitparadies erklärt.*

Seite 78:
Das mächtigste Bauwerk Feuchtwangens: *Die ehemalige* Stiftskirche *(oben), die nach der Reformation evangelische Pfarrkirche wurde. Feuchtwangens berühmtestes Bauwerk ist aber der* Kreuzgang *(unten), der an drei Seiten von romanischen Arkaden umgeben ist. Hier finden jedes Jahr von Ende Juni bis Anfang August die Kreuzgangspiele statt.*

Seite 79:
Nördlich von Dinkelsbühl nahe an der Grenze zu Württemberg liegt das Hohenloher Schloß Schillingsfürst. *Ehe die Hohenloher Fürsten den Prachtbau nach Vorbild des Madrider Stadtschlosses im 18. Jahrhundert (Bauzeit von 1723 bis 1750) in Auftrag gaben, war die an gleicher Stelle stehende Burg mehrfach zerstört worden.*

Seite 80 oben:
Die Burg Hoheneck *in der Nähe von* Ipsheim *(oben) gehört zu dem kleinen Bad Windsheimer Weinbaugebiet, das Nürnberg am nächsten liegt. Unterhalb der Burg wächst auf rund 50 Hektar Rebfläche der «Ipsheimer Burg Hoheneck».*

Unten:
Die mittelalterliche Veste im südlichen Franken, Schloß Spielberg, *liegt südlich von* Gunzenhausen *am Westrand des Fränkischen Seenlandes.*

Seite 81:
Nicht ganz so berühmt wie Rothenburg, aber genau so romantisch: An der Wörnitz *im Westen Frankens liegt die alte Stauferstadt* Dinkelsbühl. *Das prunkvollste Fachwerkgebäude der Stadt ist das* Deutsche Ordenshaus. *Jedes Jahr am dritten Juli-Wochenende findet in Dinkelsbühl das historische Spiel der* Kinderzeche *statt.*

Seiten 82 / 83:
Eine fast oberitalienische Landschaft: Die Felsgruppe der «Zwölf Apostel» *im* Altmühltal.

Seite 84:
Im Süden Frankens hatte es auch schon den Römern ganz gut gefallen: Weissenburg *(hier das* Ellinger Tor*) war die Römersiedlung* Castrum Biricianis, *die etwa bis zum Jahr 250 n. Chr. bestand. Der in einem Spargelbeet gefundene Römerschatz und restaurierte Thermen können im* Römermuseum *besichtigt werden.*

17
68

36
42
32
43
38

1369
Historischer Gasthof
mit Badehaus
ROMANTIK
HOTEL
GREIFEN-POST
Fam. Lorentz
CAFE AM KREUZGANG

Stadt Café · Feinbäckerei

Konfirmation

Im Gegensatz zur katholischen Kirche ist der höchste Feiertag eines jungen evangelischen Menschen die sogenannte Konfirmation. Im Fränkischen auch unter dem Namen Kombfermazion bekannt. Dieses Fest wirft in vielen reformatorischen Familien schon lange vor dem Palmsonntag seine Schatten voraus in Gestalt von Streitigkeiten um die Sitzordnung im Wirtshaus, Unregelmäßigkeiten auf der Geschenkliste und im Aufbrechen uralter familiärer Wunden.

Um diese Konfirmation werden die Protestanten von den Katholiken schon seit fünfhundert Jahren beneidet, denn es gibt bei den Päpstlichen in Bamberg oder Würzburg nichts vergleichbar Erhabenes. Die Firmung und die Kommunion oder die Marienerscheinung in Heroldsbach sind eine matte Sache dagegen. Es gibt dort nur Weihrauch, gedrehte Kerzen und hin und wieder ein vereinzeltes Wunder.

Die Konfirmation hingegen ist eine großartige Zusammenkunft der gesamten Familie, an die wir noch zwanzig Jahre danach mit Entsetzen zurückdenken. Sie gliedert sich in drei Teile. Erstens das Erstellen und Verschicken von den Einladungskarten, wobei wie durch eine Fügung der unterirdischen Mächte die Erbtante aus Bad Kissingen vergessen wird, und der Konfirmand sich bereits einen fest einkalkulierten Scheck über DM 500 abschminken kann. Der schon fast ratifizierte Kauf eines Home-Computers, eines gotischen Phono-Turmes oder eines Video-Recorders gerät in Gefahr.

Zweitens haben wir dann die ebenfalls sehr heikle Einteilung der Sitzordnung im Wirtshaus. Die Vorbesprechungen dazu beginnen bereits Ende Dezember, Anfang Januar, und wir kennen daraus folgende Dialoge. Vater: «Und die Kunni mid Ihrer Schwerddgoschn, däi kennd mer neebern Alfons hiihoggn. Vielleichd bringd der nou aa amol sei Maul aaf. Außer bam Fressn.» Mutter: »Iich glaab, du schbinnsd aweng! Däi zwaa reedn doch seid dreißg Joohr ka Wordd mehr midderanander, seid der Alfons aff der Kunni ihrn Moo seiner Beerdichung suu arch bsuffn woor.» Vater: «Nou hogg mer hald die Kunni ninder zu der Herschbrugger Oma?» Mutter: «Ner fraali – daß däi dann vo der Oma des Grundschdigg in Oddnsooß gräichd, des wous in Boum scho verschbrochn hodd. Suu bläid mäißerdi sei! Die Kunni werd nedd eigloodn – scho erleedichd, des Kaschberla.» Vater: «Die Kunni hodd obber scho an Hunderder gschiggd!» Eine Einteilung der Sitzordnung zieht sich also bis weit in den März hinein und wird von verschiedenen Sachzwängen wie Parteizugehörigkeit, Schwerhörigkeit, Mundgeruch oder Blähungen diktiert.

Drittens findet dann bei einer Konfirmation noch die schon kurz erwähnte Sichtung der Geschenke statt. Diesen Vorgang kann man etwa mit den Notierungen auf der Börse in Frankfurt vergleichen. Es wird meistens in die Zeit zwischen Mittagessen und Kaffeetrinken gelegt. Dabei öffnen die nächsten Familienangehörigen die Kuverts am Gabentisch und flüstern so laut wie möglich: «An Fuchzger vo die Broddngeiers. Häddnsi aa aweng mehr ooschdrenga kenner.» «Dou, a Hunderder vom Heiner und der Frieda. Däi hom gwiss im Loddo gwunner.» «A Fimbfmargschdiggla vom Nachber. Dassi der nedd scheemd. Gibs glei der Bedienung, dasser Bäggla Marlboro hulld. An Fimbfer! No, den sei Audo is aa die längsde Zeid aff unsern Gehschdeich gschdandn!»

Wer auf so eine Konfirmation als Gast eingeladen wird, muß wissen, daß er einem Kartengruß im Mindestfall zweihundert Mark beilegen soll. Für diese zweihundert Mark erhält er als Gegenleistung Schweinebraten mit Kloß und Soß, Gem. Sal., einen Schluck angenehm warmen Volkacher Ratsherr und eine Oblate in der Kirche, das schöne Verweilen im Schoß der Verwandtschaft und für den Heimweg noch zwei Stück Käskuchen in Stanniol. Um diese Konfirmation beneiden die fränkischen Katholiken die fränkischen Protestanten zu Recht.

Nürnberg

Fast eine halbe Million Einwohner dicht, Schulter an Schulter mit Fürth, zwischen Autobahnen und Reichswald gelegen, früher Königshof, dann Bayerns Hinterhof und neuerdings Drehscheibe zwischen Ost und West auf Lauerstellung, Bratwurst-City, ehemals des Deutschen Reiches Schatzkästlein und ehemals auch des sogenannten Dritten Deutschen Reiches Paradestadt und anschließend Totenkammer: Das ist Nürnberg.

Wenn einer von hier stammt, in der (urkundlich 25 Jahre früher erwähnten) Ostvorstadt Mögeldorf aufgewachsen ist, die Nordvorstadt Ziegelstein als Reserveheimat noch allzeit bereit im Herzen deponiert hat, wenn er, nur einmal angenommen, den ersten Kuß im Leben im alten Club-Bad in Zabo und die ersten Schelln in der Schule am Egidienberg empfangen hat, dann ist für ihn Nürnberg die schönste Stadt der Welt. Loslösen von der seligen oder unseligen Vergangenheit kann sich so ein Nürnberger aber bei allem Jubel immer noch nicht.

Viel hätte nicht gefehlt, dann wäre die Stadt für die halb zwangsweise, halb freiwillige Zuneigung zu ihren Schlächtern mit lebenslänglich bestraft worden. Der Dichter Alfred Kerr hatte nach Kriegsende vorgeschlagen, die fast vollständig zerbombte Altstadt als Ruinen-Ensemble stehen zu lassen. Das neue Nürnberg hätte nebenan aufgebaut werden sollen. Ein Mahnmal zu Unehren der perversen Nazi-Ideologie, ein Gedenkschuttplatz zur Erinnerung an die Hirnrisse der braunen Bagage.

Alfred Kerrs diskussionswürdiger Vorschlag in allen Ehren: Aber die von den Toten wieder auferstandene Stadt ist mit all ihren Bausünden halt doch tausendmal schöner als ein verwittertes Mahnmal gegen das zwölf Jahre währende Tausendjährige Reich. Daß in der Altstadt keine neue Hybris aufkommt – dafür wird schon gesorgt.

So eruierte im Jahr 1989 eine deutsche Zeitschrift für das gehobene Management rein wissenschaftlich, daß Nürnberg schon wieder aus dem letzten Loch pfeift. Es gibt lediglich einen einzigen Golfplatz, und der hat nur neun Löcher, die Luft ist vor allem bei den verschiedenen Kirchweihen ab Juni ziemlich bleihaltig, der Ureinwohner ein Muffel, das Wetter schlecht, die Bratwürste zu klein, der Boden zu staubig und die Architektur zu einfältig. Das Forschungsergebnis über Nürnberg von dieser Zeitschrift war aber nur zum Teil niederschmetternd. Zwar erreichte die Stadt in der Untersuchung aller deutschen Großstädte mühelos den letzten Tabellenplatz, doch gleich danach erhöhte sich wie von Geisterhand die Einwohnerzahl. Daß die Stadt und ihre Szene überschaubar ist, mag schon stimmen. Aber daß hier jeder jeden kennt, ist stark übertrieben. Außer der Überschaubarkeit und den Bratwürsten gehören zu den Nürnberg-Klischees noch: Lebkuchen, der betende Hase von Dürer aus Plastik, Veit Freistoß (eine Mischung aus Veit Stoß und 1.FC Nürnberg), Kaiser Karl, Karl Wittmann, Walter Kipfer, Kaspar Hauser, die Gotik, Spiel- und Spülwaren, Adam Kraft, Peter Henlein und die Folgen für die Firma Rolex, der Stop-and-Go-Tick, Hans Sachs, die Burg, der häßliche Schöne Brunnen, der Nürnberger Fleiß, der Nürnberger Witz, die Nürnberger Liebe zu Fürth und umgekehrt, die Nürnberger Marktfrauen und der Nürnberger Trichter. Vom Nürnberger Christkindlesmarkt ganz zu schweigen.

Nürnberger Leiden

Der Nürnberger und die Nürnbergerin (es gibt von ihnen laut der letzten Volkszählung nicht ganz 490000) hüten ihre Minderwertigkeitsgefühle sorgfältig und leiden fröhlich an folgenden Gemeinheiten: daß die Regierungshauptstadt von Mittelfranken Ansbach ist, daß Nürnberg überhaupt keine Hauptstadt ist und deswegen in Lobpreisungen nur immer Frankenmetropole oder Großraum genannt wird, daß Siemens seine Werke nach dem Krieg in Erlangen errichtet hat, daß München leuchtet und Nürnberg nach Meinung seiner Bewohner höchstens glimmt, daß Fürth älter ist, daß es hier fast genau so viel regnet (750 Millimeter im Jahr) wie in Salzburg, der Nürnberger Regen aber überhaupt nicht berühmt ist.

Mit ihren Leiden leben die Nürnberger schon seit dem elften Jahrhundert in trauter Eintracht zusammen und sind damit sogar sehr zufrieden. Der Nürnberger ist anschmiegsam in seine Landschaft gebettet: auf dem Sandboden wachsen Moos und ein bißchen Filz, Fichten, Föhren (der sogenannte Steckerlaswald), Baumschäden und Betonhochhäuser, architektonisch leicht vernachlässigte Vorstädte und eine Altstadt voller Butzenscheiben und Bratwürsten.

Die höchsten Erhebungen sind der Burgberg, der Schmausenbuck und der Fernmeldeturm. Mitten durch die deutsche Großstadt (Ranglistenplatz 13) mit dem angenehmen Kleinstadt-Flair schlängelt sich ein der Stadt angemessener Strom namens Pegnitz (sprich: Bengerz), der noch kurz vor Erreichen der Stadt mit einem kräftigen Anlauf durchaus übersprungen werden kann. Die Pegnitz, früher die Lebensader der Stadt, ist heute leicht verschmutzt, soll sich aber inzwischen durch viele klärende Gespräche auf dem Weg der Besserung befinden.

Albrecht Dürer ist bekanntlich ein berühmter Sohn der Stadt Nürnberg. Möglicherweise ist der Maler und Grafiker (geboren am 21. Mai 1471, gestorben am 6. April 1528) zu seinen Lebzeiten auch ein bißchen als Stiefsohn behandelt worden. Immerhin hatten sich die Patrizier und ihre zwei Losunger – also sowas ähnliches wie der Stadtrat mit Bürgermeister und Oberbürgermeister – im Jahr 1520 geweigert, dem Künstler die von Kaiser Maximilian verfügte Jahresgage von hundert Gulden weiter auszuzahlen.

Was einerseits vom kleinkarierten Knausern der Stadtregierung zeugt, ist andererseits ein Indiz dafür, daß Albrecht Dürer am Höhepunkt seiner Karriere nicht am Hungertuch genagt hat. Die hundert Gulden Leibrente von kaiserlicher Huld und aus der städtischen Kasse entsprechen ungefähr 10000 Mark. Sein Haus am Tiergärtnertor hatte Albrecht Dürer im Jahr 1494 kurz vor der Hochzeit mit Agnes Frey um 200 Gulden gekauft.

Aus dem Streit ums Honorar ist auch überliefert, daß entweder Albrecht Dürer oder aber seine für die Geschäfte mit der Kunst zuständige Agnes sehr hartnäckig waren. Der Rat hatte die Zahlungen vor allem deswegen einstellen wollen, weil der Dürer-Sponsor Maximilian im Januar 1519 starb. Da reisten die Dürers ein Jahr später in die Niederlande, wo gerade der neue Kaiser Hof hielt, und ließen sich das Recht auf Weiterzahlung der Jahresprämie von Karl V. bestätigen und abstempeln.

Als sehr wesentlich für die Schaffenskraft des Meisters gilt bei allen Dürer-Biografen ein gewisser Willibald Pirckheimer. Weil er im Gymnasium griechisch gelernt und große Worte gelassen ausgesprochen hat, ist er in die Historie als Humanist eingegangen. Es darf aber auch vermutet werden, daß der Kumpel des großen A.D. ein ziemlicher Saufkopf und Rumzug war. Willibald Pirckheimers Keifen gegen Dürers Ehefrau («Am Tod Albrechts war vor allem seine Hausfrau schuld, die ihn dermaßen gepeinigt hat, daß er lieber ganz schnell gestorben ist») zeugt nicht gerade von tiefer Durchdringung humanistischen Geistesgutes. Die Frau Agnes wird den mittelalterlichen Playboy halt des öfteren aus dem Haus geschmissen haben.

Wenn Albrecht Dürer, der zeitweise wie am Fließband gepinselt hat, in seine Farben auch Herzblut einfließen hat lassen, dann in die beiden Bildnisse seiner Ehefrau. Beim Anblick des 1521 entstandenen Gemäldes *Agnes Dürer* und der Zeichnung *Mein Agnes* möchte man schon glauben, daß Albrecht Dürer seine Frau geliebt hat. Aber so geht das Leben: Dank den Mitteilungen des Humanisten Pirckheimer gilt Agnes Dürer bis heute als zänkisches Weib und nach dem wilden Willibald, von Beruf vor allem Sohn, hat man in Nürnberg eine Straße benannt. Nach der Agnes Dürer nur eine Gasse.

Hätte der aus dem Schwäbischen stammende und später vorübergehend in Krakau tätige Bildhauer und Holzschnitzer Veit Stoß schriftliche Memoiren hinterlassen – die hätten sich die Nürnberger hinter den Spiegel stecken können. Den offenbar nicht so sehr geschäftstüchtigen Künstler (1450 bis 1533) hatten zwei Textil-Makler um die stattliche Summe von 1200 Gulden übers Ohr gehauen. Um wieder in den Besitz seines Vermögens zu kommen, fälschte Stoß einen Schuldschein – und flog auf. Erst flüchtete er sich zu seinem Sohn ins Karmeliterkloster, dann wurde er von der Straße weg verhaftet und ins Lochgefängnis gesperrt. Trotz der Fürsprache des Kaisers wurde Veit Stoß wegen Urkundenfälschung verurteilt. Die Strafe: mit einem glühenden Eisen werden dem Bildhauer beide Wangen durchstoßen.

Das berühmteste Werk des Künstlers, die aus Holz geschnitzte Maria und der Engel im Rosenkranz, fand zu Lebzeiten des Meisters auch keine Gnade. Der Protestanten-Prediger Osiander beschimpfte die Maria als «goldene Grasmagd» und verfügte, daß die Schnitzerei am Hauptaltar der Lorenzkirche mit alten Stofflappen verhängt wurde.

Weniger Schwierigkeiten beim Berühmtwerden hatten der Akkord-Dichter Hans Sachs (1494 bis 1576), der vor allem für die Grabmäler der hochherrschaftlichen Patrizier (und längst verblichener Heiliger) zuständige Erzgießer Peter Vischer der Ältere (1460 bis 1529), der Bildhauer Adam Kraft (1455 bis 1509) und Peter Henlein (1485 bis 1542), der angebliche Erfinder des Nürnberger Eies. Peter Henlein war allerdings nicht Inhaber einer Hühnerfarm, sondern gelernter Schlosser. In dieser Eigenschaft bastelte er die eiförmige, erste Taschenuhr der Welt, was von anderen Taschenuhrerfindern allerdings bestritten wird.

Vager Überlieferung zufolge sollen Nürnbergs Künstler alle eine gemeinsame Basis gehabt haben, nämlich das für seine feinen Miniaturwürstchen und für süffiges Vollbier gleichermaßen bekannte Bratwurst-Glöckle, ein Handtuch von einem Wirtshaus, angepappt an die Moritzkapelle gegenüber der Sebalduskirche. Dort soll dem bereits erwähnten Humanist Willibald Pirckheimer so manches Seidlein durch den schweren Kopf gegangen sein. Und angeblich haben die anderen Nürnberger Kulturträger auch immer einen Durst gehabt, der nicht von schlechten Eltern war. Diese der Kultur sehr förderliche Einrichtung gibt es leider nicht mehr. Nach der Bombardierung im Januar 1945 waren Moritzkapelle und Bratwurst-Glöckle dem Erdboden gleich gemacht.

Berühmte Nachkriegs-Nürnberger löschen heute Durst, Hunger und ihr Mitteilungs- und Sendungsbedürfnis nur ein paar Meter südlich von der alten Künstlerkneipe im Bratwursthäusle. Ob man allerdings die dort nach Fraktionszwang sitzenden Stadträte, höhere Verwaltungsbeamte, Metzgermeister, die Erfinder des Lachsacks und des Dampfplauderns, oder einen für seine Dichtkunst weniger bekannten Oberstaatsanwalt i. R. Hans Sachs einmal als Nürnberger Kulturträger bezeichnen wird, entscheidet die schon oft zitierte Geschichte erst in vier- bis fünfhundert Jahren.

Über eine Frau, die ihr kleines Bier meist im Stehen an der Gassenschänke des Bratwurst-Rösleins zu trinken pflegte, hat die Geschichte allerdings schon entschieden. Sie bleibt, die nächsten Jahrzehnte mindestens, Nürnbergs berühmteste Marktfrau: Gunda Herbst – im Frühjahr 1989 segnete sie in ihrem Heimatdorf in der Fränkischen Schweiz das Zeitliche – hatte anläßlich eines kleines Disputes um einen Parkplatz einen Nürnberger Polizisten geduzt und war dafür von der Justiz mit einer Haftstrafe belegt worden. Die Nachricht ging damals um die ganze Welt, und man hat in New York, Sidney, Hongkong, Toronto, London, Paris, Madrid und Fürth herzlich darüber gelacht.

Niemandszeit in der City oder die Ruhe vor dem Sturm der eiligen Heerscharen

Wenn am Hauptmarkt außer den Parkpfosten auch noch andere Bäume wachsen täten, dann könnte man jetzt manchmal sogar das Laub rascheln hören und nicht nur einen von den zehn Unterröcken von einer Obstlerin oder einen Zehnmarkschein. Es ist nämlich dort und auch sonst in der Nürnberger Altstadt ziemlich ruhig geworden, wir haben zwischen Oktober und November die Niemandszeit. Weit und breit keine Herrschaften aus Düsseldorf und Castrop-Rauxel, keine Japaner, keine Hundertschaften Bereitschaftspolizei, kein Landesvater, kein Mikrofon, keine Megawatt in der Stadt. Keine Spur von Holländern oder Neuseeländern, nur an der Ecke ein Neufundländer, der vor dem verblichenen Wahlplakat der Republikaner sein Bein hebt und es inhaltlich ein bißchen auffrischt.

Es sind diese zwei Wochen im Jahr, wo man wirklich meinen könnte, Nürnberg gehört doch auf irgendeine geheimnisvolle Weise den Nürnbergern. Es dreht sich aber, wie wir wissen, um die Ruhe vor dem Sturm, denn bereits in der letzten Novemberwoche kommen dann im Namen des Sohnes, des Vaters und des Stadtentwicklungsamtes 2,6 Millionen Menschen in die Stadt und lassen mit vollkommener Übereinstimmung mit der Kirche, der Industrie- und Handelskammer und dem Fremdenverkehrsamt die Sau raus.

Mit dem ersten Auftritt des Nürnberger Christkindes beginnt für die örtlichen Bürger dann, wie auch für Igel, Karpfen und Mäuse der Winterschlaf, sie begeben sich geordnet in die umliegenden Touristenschutzbunker. Damit keinem Einheimischen aus dem vierten Stock vom Karstadt aus Versehen ein Nürnberger Lebkuchen oder ein Berliner Tourist auf den Kopf fällt, und er das fröhliche Treiben am Christkindlesmarkt und in der ganzen Stadt nur noch vom Westfriedhof aus beobachten kann.

Aber wir sollen nicht meckern, rumnörgeln oder gar undankbar sein, sondern im Gegenteil der Stadt und ihren unermüdlichen Trommlern unsere Hochachtung ausdrücken. Denn zwei Wochen im Jahr gehören uns! Wir können uns in dieser Zeit vollkommen frei bewegen. Es gibt keine Taschendurchsuchung, keine Massenverhaftung, keinerlei Absperrungen, es spritzt kein Bratwurstfett, kein Senf

Seite 93:
Würzburger *Prominenz in Stein gehauen: Neben den kämpfenden Putten ist der* Frankoniabrunnen *– im Jahr 1894 auf dem* Residenzplatz *errichtet – mit den Figuren des in Würzburg begrabenen Walther von der Vogelweide und Tilman Riemenschneiders bei der Schnitzarbeit bestückt.*

Seite 94:
Im Krieg fast vollständig zerstört: Das Haus zum Falken *neben der* Marienkapelle *in Würzburg wurde in den fünfziger Jahren mit Hilfe von Fotografien und in mühseliger Kleinarbeit restauriert.*

Seite 95:
Das Scherenberg-Tor *auf der Würzburger* Marienberg-Feste. *Unter dem mittleren Bogen stehen die drei Missionare Kilian, Kolonat und Totnan, darüber die Figur der Maria. Seinen Namen hat das in der Mitte des 14. Jahrhunderts gebaute Tor von Rudolf von Scherenberg, der es im Jahr 1482 ausbauen ließ.*

Seite 96:
Pflichtbesuch für jeden Franken-Reisenden: Schloß Mespelbrunn *südlich von Aschaffenburg, seit dem Jahr 1665 im Besitz der Reichsgrafen von Ingelheim. Unter anderem können in dem Wasserschloß im Spessart ein Rittersaal aus dem 16. Jahrhundert, ein Gobelinsaal und der Chinesische Salon besichtigt werden.*

Seite 97:
Die Nordwestgrenze Frankens: Aschaffenburg *mit seinem Monumental-Schloß* Johannisburg *am Main. Das gigantische Renaissance-Schloß ließ Kurfürst Johann Schweickard von Kronberg zwischen 1607 und 1614 bauen.*

Seite 98:
Hier herrscht Frankens mildestes Klima: Magnolienblüte und Park-Bankiers im Aschaffenburger Schloßgarten.

Seite 99:
Rauh und windig: Sturmgebeutelte Bäume in der Rhön, *Frankens nördlichstem Gebirge.*

Seite 100:
Das westliche Eck vom Main-Viereck: Blick von der Miltenburg *auf die* Miltenberger Stadtpfarrkirche.

Seite 101:
Trotz der Bombardierung im Krieg fast vollständig erhalten: Das Schweinfurter *Renaissance*-Rathaus, *das in den Jahren 1570 bis 1572 entstand.*

Seite 102:
Das industrielle Schweinfurt: Stahl-Lager für Deutschlands größte Kugellagerwerke. Wegen ihrer wichtigen Industrien war die Stadt am Main im Zweiten Weltkrieg fast vollständig zerstört worden.

Seite 103:
Hier tranken sich schon Könige, Künstler, Fürsten und der europäische Geldadel gesund: Das Kurhaus *von* Bad Kissingen.

Seite 104:
Sonnenaufgang in der Rhön.

HAUS ZUM FALKEN

Pandur
Rakoczy

und kein Ketchup durch den Hemdkragen ins Genick. Es zwingt uns auf dem Hauptmarkt kein Faschingsprinz unter Androhung von dreißig Minuten Büttenrede ohne Bewährung oder anderen Foltern zum Lachen. Kein Eskimo fragt uns nach den klebenden Händen oder nach dem Adolf-Führer-Denkmal. Es ist kein Häfalasmarkt, kein Trempelmarkt, kein Altstadtfest, kein Parteitag, kein Tag der offenen Tür oder der nach hinten offenen Redezeiten. Und wenn man mit seinem ganz persönlichen Tag der offenen Tür zum Beispiel kurz nach Mitternacht auf der Brüstung von der Karlsbrücke steht und acht Schoppen Frankenwein wieder die Freiheit schenkt, dann steht man dort nicht inmitten von Dutzenden anderer Pinkeladvokaten. Sondern man ist ganz allein und lauscht völlig entrückt dem beruhigenden Plätschern in die Fluten, das lediglich unterbrochen wird, wenn eine Ente oder ein Erpel zum Warmduschen durchschwimmen.

Man beendet in dieser glückseligen Niemandszeit seinen Rundgang zwischen Hauptmarkt und Weinmarkt in vollkommener Harmonie und mit einem Trümmer Preller. Man muß weder gebrochen Englisch, Französisch, noch Schwedisch sprechen. Höchstens gebückt brechen, und wenn dabei etwas wie eine fernöstliche Nasalsprache von unten herauf an unser Ohr dringt, «Kengen schu schei von Hendlo gengen?», dann heißt das lediglich «Kenndn'S ewendwell suu goud sei und vo meine Händ roo gäih!?» Und es ist ein ebenfalls schwer betrunkener Einheimischer auf seiner Kriechspur in Richtung Johannis, dem wir während der Betrachtung der Gestirne aus Versehen auf die Hand gestiegen sind. Wir haben in der Altstadt kein Bardentreffen, keine Spielwarenmessebesucher, es werden keine Preise erhöht und keine Preißn gehört, und viele Angehörige der örtlichen High und Leih Society sind nach Paraguay unterwegs oder in Unterhaltungs-Haft.

Genießt also die zwei Wochen Niemandszeit jetzt im November! Denn dann kommen schon, wie erwähnt, die himmlischen Heerscharen mit Macht, Kraft und all ihrer Herrlichkeit, daß vielleicht manchen älteren Nürnberger eine Sehnsucht befällt nach der Sintflut und dem archen Noah.

Der Glubb

Fränkische Merkwürdigkeiten, Phänomene, Ungereimtheiten und im restlichen Bayern kaum verständliche, sphinxartige Welträtsel gibt es in unserem Vorgartenzwergenreich wie Sand im Getriebe. Eine solche mit den Mitteln der Wissenschaft überhaupt nicht zu erklärende Erscheinung ist der 1. FC Nürnberg, um den fast in ganz Franken Samstag für Samstag Millionen Menschen bangen. Obwohl er im Kleinen und Ganzen lediglich aus elf wohlhabenden Jung-Unternehmern besteht, die nach allen Regeln der Kunst und nach den Gesetzen der freien Marktwirtschaft neunzig Minuten lang hinter einem Lederball herjoggen und anschließend ihre verschwitzten Leibchen ins Publikum schmeißen. Selbst der tiefsinnigste fränkische Mensch gerät dann in Verzückung und rennt über die Köpfe seiner Nachbarn, nur um den linken Dampfsocken eines rechten Verteidigers zu ergattern.

Der 1. FC Nürnberg wurde im Mai des Jahres 1900 von einer Hand voll Rugbyspielern gegründet, die angesichts der Entwicklung des Berufsfußballs ihre feierliche Vereinseinweihung von damals vermutlich wieder zurücknehmen würden, wenn sie noch könnten. Fußball-Profi und Fußball-Profit, Millionenschulden und Millionen-Gagen haben aber dem Ruhm des 1. FC Nürnberg im Lauf fast eines Jahrhunderts nichts anhaben können.

Seit Jahrzehnten sitzt der gemeine Flachpaß-Franke Samstag nachmittags im Stadion, vor dem Radio oder vor dem Fernseher und zittert um seinen Club. Mit allen drei Möglichkeiten des Ausgangs eines Fußballspiels ist der sogenannte Club-Fan gleichermaßen zufrieden. Bei einem Unentschieden sagt er: «Simmer frouh, daß mer nedd verluurn hom.» Bei dem seltener vorkommenden Sieg kann man das ebenfalls sehr seltene Schauspiel einer zweisekündigen fränkischen Ekstase erleben. Und nach einer (häufig vorkommenden) Niederlage pflegt der Fachmann hastig fünf Bier zu trinken und anzumerken: «Der Doldi vo Glubb – haid binni es ledzde mool draußn gween!» Eine Drohung, die in den meisten Fällen nicht wahr gemacht wird.

Nürnberger Zeittafel

1050	Der Name Nürnberg (Norenberc, etwa felsiger Berg) wird zum ersten Mal in einer Urkunde Heinrichs II. erwähnt, der die Unfreie Sigena aus der Leibeigenschaft entläßt
1060	Um die kaiserliche Burg entsteht eine Siedlung
1070	Erste Wallfahrten zum Grab des Heiligen Sebald
1093	Baubeginn der Burggrafenburg unmittelbar neben der Kaiserburg
1167	Neubau der Kaiserburg
1191	Die Hohenzollern werden Burggrafen
1219	Durch den großen Freiheitsbrief wird Nürnberg zur Freien Reichsstadt
1349	Die Synagoge wird zerstört, die Juden aus der Stadt getrieben, 500 jüdische Bürger werden am heutigen Maxfeld ermordet. An der Stelle der Synagoge wird die Frauenkirche errichtet
1356	In der Goldenen Bulle setzt der Kaiser schriftlich fest, daß jeder seiner Nachfolger den ersten Reichstag in Nürnberg abhalten muß
1424	Nürnberg wird als Aufbewahrungsort der Reichskleinodien festgesetzt

1427	Nürnberg erwirbt den Besitz des Burggrafen in und außerhalb der Stadt
1471	Geburt von Albrecht Dürer
1494	Geburt von Hans Sachs
um 1500	Blütezeit der Stadt
1618	Beginn des Dreißigjährigen Krieges, wirtschaftlicher und politischer Niedergang der Stadt
1623	Die zu Nürnberg gehörende Akademie in Altdorf wird Universität
1644	Gründung des Pegnesischen Blumenordens zur Pflege der deutschen Sprache
1806	Das wirtschaftlich bankrotte und politisch bedeutungslose Nürnberg wird auf Wunsch Napoleons vom Königreich Bayern kassiert
1808	Ende der städtischen Selbstverwaltung
1817	Die ersten großen Industrieansiedlungen
1818	Nürnberg verwaltet sich wieder selbst
1835	Der Adler, die erste Eisenbahn Deutschlands, fährt von Nürnberg nach Fürth
1933	Verhaftung der sozialdemokratischen Stadträte. Auch Oberbürgermeister D. Herrmann Luppe wird in «Schutzhaft» genommen. Er wird zum Rücktritt und zum Verlassen der Stadt gezwungen. Nazi-Oberbürgermeister wird Willy Liebel, als «Frankenführer» schürt Julius Streicher den Haß gegen die Juden. Nürnberg wird Stadt der Reichsparteitage
1938	Zerstörung der beiden Synagogen am Hans-Sachs-Platz und in der Essenweinstraße
1939	Beginn der Verschleppung jüdischer Mitbürger in die Konzentrationslager
1945	Am 2. Januar werden Nürnbergs Industriegebiete im Süden und die Altstadt durch einen Bombenangriff der US-Luftwaffe zerstört
1945	Beginn der Nürnberger Prozesse gegen die Hauptkriegsverbrecher
1981	Nürnberg gerät durch die Massenverhaftung jugendlicher Demonstranten im März bundesweit in die Schlagzeilen

Airport

Wie jeder weiß ist der flugverkehrstechnische Nabel Frankens in Nürnberg-Nord, wo sich in Ziegelstein der Flughafen befindet. Wegen der zahlreichen worldwiden Verbindungen nach Paris, London, Zürich, Barcelona und Hof nennt man ihn auch Airport. Was viele Einheimische oft mit Aport verwechseln und an ihm rumstänkern möchten. Dabei ist erst kürzlich der Tower höher aufgemauert worden, so daß die Fluglotsen jetzt über die Büsche und Hecken hinweg die alle zwei bis drei Monate majestätisch hereinfliegenden Maschinen gut beobachten können. Im Nürnberger Airport kann man auch hinausfliegen, und zwar abends um elf Uhr, wenn er geschlossen wird. Durch die vielen internationalen Flugverbindungen werden fränkische Menschen aber oft in große Verwirrung gestürzt.

Den ungeübten Luft-Touristen erkennen wir bereits in der Schalterhalle an verschiedenen Äußerlichkeiten. Er erscheint meist in einer lindgrünen Hose, blauem Blazer und einem Sporthut vier bis fünf Stunden vor Abflug und sucht sich dann einen uniformierten Menschen. «Horng'S amol, Sie dou», teilt er dann vielleicht einem Polizisten mit, «kenndn Sie mir vielleichd soong, wou daß dou der Fliicher nach Gembf häld. Mir fläing nemli nach Gembf. Gibds dou a Middoochessn?» Auch innerhalb des Flugzeugs erkennt man einen Franken sofort an seinem weltmännischen Auftreten. Er murmelt etwas wie «Iich hobs fiir mei Familie glei miidgnummer, däi kummer dou hindn» und schleppt mit rotem Kopf an der erstaunten Begrüßungs-Stewardess an jeder Hand fünf Lunch-Pakete vorbei. Später während dem Start weicht die Röte im Gesicht einem leichten Kalkanstrich und nach etwa einer halben Stunde Flug fragt der Herr tapfer seinen Nachbar: «Simmer scho in Färdd gween!?»

Nach einer weiteren Viertelstunde breitet sich dann aber schon eine bestimmte Zutraulichkeit aus. Man öffnet ein von daheim mitgebrachtes Marmeladenglas randvoll mit Stadtwurst mit Musik, das dann anläßlich einer leichten Turbulenz dem Nachbarn in den Schoß fällt, so daß sich bei ihm um das Hosentürchen Zwiebeln mit Essig und Öl ranken. Es entspinnt sich daraus ein interessantes Gespräch über das Für und Wider von Reiseversicherungen, über Schadenersatzansprüche und über Essigverätzungen wichtiger Körperteile. Es endet mit der Landung in Paris.

Beim Rückflug macht sich der fränkische Luftfahrer dann schon mit der Technik der Maschine vertraut. Er schraubt an den Knöpfen, die über ihm angebracht sind, so daß es in seiner Umgebung plötzlich zehn Grad unter Null hat, möchte das Fenster öffnen und bringt, wie er austreten möchte, den Sicherheitsgurt nicht mehr auf. Nach der Ankunft in Nürnberg zahlt der Reisende für Parfüm, Zigaretten, Feuerzeuge, Kognak und eine falsche Rolex noch eine Zollstrafe in Höhe eines Monatseinkommens und teilt seiner vollständig zur Begrüßung erschienenen Familie weltläufig mit: «Gscheid schbeier hobbi mäin, kann Fensderbladz hobbi g'habd, in Baris gibds kanne Broudwerschd und es nexde mool werd widder middn Römming gfoohrn. Alles Rodscher!!?»

In Fürth, oder wo

Es gibt Nürnberger, die ihr ganzes Leben lang noch nicht in Fürth waren, und auf ihre Stadtwurst-Philosophie auch noch stolz sind. Es gibt Gostenhofer Meteorologen und ihren Standard-Wetterbericht: «Alles, wos vo Färdd kummd, is es schlechde Wedder.» Es gibt die Autofahrer, die zwei Millimeter auf ihren Vordermann auffahren und dann angesichts des FÜ auf dem Nummernschild gequält aufschreien: «Ner gloor, ä Färdder!» Es gibt den schon von den Urgroßeltern überlieferten Spruch: «Haid is die Färdder Schdrass gschbeerd, wall der Blousoorsch vo Färdd lernd es Roodfoohrn.» Und dann gibt es noch die in Fürth lebenden Menschen, die überhaupt nicht daran denken, auf die gesammelten und ungereimten Borniertheiten eine weitere draufzusetzen. Mit dem vor allem in Nürnberg geprägten Klischee vom Dauer-Depp kommt der Fürther Mensch ganz gut zurecht, wohl wissend, daß es hinten und vorne nicht stimmt.

Fürth ist älter als Nürnberg. Es gibt eine Urkunde aus dem Jahr 907 über einen «Platz an der Furt», anläßlich eines Immobilientausches von König Ludwig IV. signiert, dem die Historiker aber nicht so recht trauen. Furten hat es im Land ja reichlich gegeben. Aber dafür besteht dann kein Zweifel mehr, daß Heinrich II. in einer Schenkungsurkunde am 1. November 1007 mit dem «Ort der Furt», den Königshof an der Rednitz kurz vor dem Zusammenfluß mit der Pegnitz zur Regnitz gemeint hat. Mit dem in der Urkunde besiegelten Verscherbeln an den Domprobst von Bamberg war aber auch die Rolle der Fürther, vorläufig fast für ein Jahrtausend im Schatten der übermächtigen Nachbarstadt zu leben, beschlossen und unterschrieben.

Im späten Mittelalter bestimmten nicht die Fürther ihr Geschick, sondern die Dompröbste von Bamberg, die brandenburgischen Ansbacher Markgrafen und die Patrizier der Reichsstadt Nürnberg. Bis zum Ende des 17. Jahrhunderts verwalteten das Städtchen zwei Nürnberger Bürgermeister und zwei aus Bamberg. Im Jahr 1719 waren es drei Stadt-Chefs aus Nürnberg, drei aus Bamberg und drei aus Ansbach.

Weil die Fürther eben keine Deppen sind, wuchs der Widerstand gegen soviel fremde Obrigkeit im Oberstübchen. Die Handwerksordnung in Fürth war liberaler, die Haltung gegenüber andersdenkenden oder andersgläubigen Menschen toleranter. Als es die Nürnberger Juden nach zwei Pogromen in der Freien Reichsstadt nicht mehr gab, hunderte von ihnen ermordet wurden und ihr Vermögen kassiert war, siedelten sich die Flüchtlinge, die das Massaker überlebt

Die Ludwigseisenbahn vor Nürnberg, 1835.

hatten, in Fürth an. Die Fürther Judengemeinde war eine der größten in Deutschland. Was die Vorurteile gegen die Stadt vor allem beim Aufkommen der Hitler-Ideologie nicht gerade verminderte.

«In Fürth, in Fürth», dichteten die Nazi-Dümmlinge, «da gibt's viele Juden und viel Wirt.» Und seit den verheerenden Luftangriffen auf fränkische Städte am Ende des Zweiten Weltkrieges hält sich das bösartige Gerücht in Nürnberg immer noch: Fürth wurde verschont, weil die halbe Stadt den meist nach Amerika emigrierten Juden gehörte.

Den restlichen Vorurteilen aus der neueren Zeit möchte man schon zustimmen: In Fürth gibt es die schöneren Mädchen, die besseren Wirtshäuser, die schmackhafteren Karpfen und die lustigere Kirchweih.

Selbstverständlich gibt es auch immer noch den zähen Widerstandskampf gegen die nachbarliche Hybris. Als Anfang der achtziger Jahre wegen hoffnungsloser Überschuldung das Schicksal der altehrwürdigen SpVgg Fürth und der Verkauf des Ronhofes zur Disposition stand, da kam von einem Vereinsmitglied der Vorschlag, die Heimspiele zukünftig im Nürnberger Stadion auszutragen. Was den damaligen Schatzmeister zu der Antwort veranlaßte: «Eher wird der Papst katholisch, als daß die SpVgg Fürth im Nürnberger Stadion spielt.»

Würzburg

Viele Städte gelten laut den Aussagen ihrer hauptamtlichen Trommler als schönste Stadt Deutschlands. So ist neben München, Stuttgart und Passau auf jeden Fall auch Köln die schönste Stadt in Deutschland, ebenfalls Hamburg, Berlin, Regensburg, Wanne-Eickel, Baden-Baden und Remscheid. Über solche Eifersüchteleien der Fremdenverkehrsämter ist man am Main erhaben, denn Würzburg gehört entschieden zu den schönsten Städten der Welt. Zwar neigen die Franken nur in ganz seltenen Fällen zur Übertreibung und halten ihre Kostbarkeiten lieber geheim, daß sie ihnen niemand wegnimmt, aber was wahr ist, muß auch in der Bratwurst-Prärie wahr bleiben.

Würzburg ist eine Großstadt (mit 130000 Einwohnern hinter Nürnberg Frankens zweitgrößte), in Würzburg scheint die Sonne, wächst der Wein, prangt der Barock, halten die Hochgeschwindigkeitszüge der Deutschen Bundesbahn und ist Franken am fränkischsten. Genaueres über das geheimnisvolle Fränkisch-Sein erfährt man unter anderem bei einer Weinprobe ungefähr nach dem siebten bis achten sanften «Blobb», dem angenehmen Geräusch also, wenn ein Korken den Flaschenhals eines Bocksbeutels verläßt.

So schön ist Würzburg schon seit mindestens neunhundert Jahren, denn bereits im 12. Jahrhundert schwärmte ein Besucher der Bischofsstadt: «Trefflich ist die Lage, wunderschön erschien sie mir, und ins Tal eingeschnitten liegt die Stadt da wie ein irdisches Paradies.»

Neben der von Balthasar Neumann beziehungsweise von Maurern, Stukkateuren, Zimmerern und Steinmetzen erbauten Bischofsresidenz, der mittelalterlichen Mainbrücke, der Neumünsterkirche, dem Rathaus und dem Bürgerspital gibt es selbstverständlich auch architektonische Pretiosen, bei denen sich der Wertbestand möglicherweise nicht über ein paar Jahrhunderte halten möchte. Aber was Genaues weiß man nicht: Vielleicht werden die fränkischen Wolkenkratzer in der Ami-Siedlung direkt gegenüber vom Käppele in dreihundert Jahren auch einmal der Grundstein für eine Kunstepoche und gehen als K.O.koko in die prostmoderne Stil-Geschichte ein.

Den nachdrücklichsten Geschichtsunterricht der an allen Ecken und Enden geschichtsträchtigen Stadt vermittelt die große Wand im Sitzungssaal des Würzburger Rathauses. Dort hat der Maler Wolfgang Lenz auf einer Fläche von fast dreihundert Quadratmetern Würzburgs zweitausendjährige Historie als drastisches Ornament an die Wand gemalt, den Stadträten zur wöchentlichen Warnung. Sechsunddreißig Bilder von der Vorzeit, den fränkischen Besatzern und ihren drei Aposteln Kilian, Kolonat und Totnan, vom Bürgerspital zum Bürgeraufstand gegen den Bischof, von Julius Echter bis zur Vertreibung der Juden, vom sogenannten Dritten Reich bis zu seinen mörderischen Folgen – der Nacht des 16. März 1945, als Würzburg nach einer gerade zwanzig Minuten dauernden Bombardierung nicht mehr existierte und «Das Grab am Main» genannt wurde.

Würzburgs langjähriger Oberbürgermeister Klaus Zeitler war kurz nach Kriegsende aus der Gefangenschaft in seine zerstörte Heimatstadt zurückgekommen und hatte sie nicht mehr erkannt. Fast ein Menschenalter lang hatte der Wiederaufbau gedauert. Und neuerdings steht auch für den Oberbürgermeister fest, daß Würzburg, mit kleinen Einschränkungen, die schönste Stadt der Welt ist.

Wes Brot ich eß, des Lied ich sing – zwei Würzburger Künstlerkarrieren

Die beiden berühmtesten Würzburger waren gar keine – und hatten zwei grundverschiedene Karrieren. Der eine starb in der schönen Stadt am Main verarmt, vereinsamt im gesellschaftlichen Niemandsland. Heute noch urteilt man über den aus dem thüringischen Heiligenstadt stammenden Holzschnitzer und Bildhauer Tilman Riemenschneider (1460 bis 1531) eher abschätzig, daß ihm im Alter von etwa vierzig Jahren «nichts mehr sonderlich Neues» eingefallen sei.

Hingegen jubelt der Brockhaus über Johann Balthasar Neumann (1687 bis 1753) und seine profane wie klerikale Architektur: «...der größte Baukünstler des 18. Jahrhunderts.» Lebenskünstler war der in Eger geborene Neumann wohl in erster Linie. Weitab von der Kunst absolvierte er erst eine Lehrzeit als Geschützgießer, kam als Kanonenbauergeselle nach Würzburg und machte Karriere bei den Soldaten. Am Ende seiner militärischen Laufbahn war er bis zum Obristen der Artillerie befördert. Zwischenzeitlich verdiente er sich sein Geld auch als Immobilienhändler und Spiegelfabrikant, interessierte sich nebenbei für die Architektur von Prunkbauten, war sehr handsam und fleißig und wurde vom Bischof zum Stadtbaudirektor ernannt.

Auf Balthasars Rechnung gingen unter anderem: die Würzburger Festung, die Universität, etliche Brücken über den Main außerhalb der Stadt, Straßen im Bistum, eine Wasserleitung, das Käppele, die Wallfahrtskirche Vierzehnheiligen und vor allem die Würzburger Residenz. Wo immer weltliche oder kirchliche Aufträge für Großprojekte vergeben wurden, war Balthasar Neumann zur Stelle. Neben Würzburg auch in Wien, in Bamberg, in Paris und in Köln. Er starb am 19. August 1753 in Würzburg hochgeachtet und hinterließ neben seinem architektonischen auch ein durchaus erwähnenswertes finanzielles Erbe. Was man von Tilman Riemenschneider nicht sagen kann. Der war bei allem Fleiß und aller künstlerischen Besessenheit bei weitem nicht so gefügig.

Der Schöpfer der schönsten fränkischen Altäre in Rothenburg, Greglingen, Würzburg und in Bamberg machte seinem Bischof nämlich wesentlich weniger Freude als zweihundert Jahre nach ihm Balthasar Neumann. Von dem politischen Lehrsatz «Wes Brot ich eß, des Lied ich sing» hielt der Schnitzer Riemenschneider herzlich wenig, als er im Jahr 1520 Würzburger Bürgermeister wurde und den Auftrag allzu wörtlich nahm. Auf Wunsch der Bürger verbündete er sich 1525 mit den aufständischen Bauern gegen den Bischof. Als die Rebellion niedergeschlagen war, mußte auch der politisch engagierte Künstler für sein Abweichen vom rechten Glauben büßen. Der Bischof ließ ihn ins Gefängnis werfen und wochenlang foltern. Dem aufsässigen Künstler sollen während der Tortur beide Hände gebrochen worden sein. Sechs Jahre später stirbt Tilman Riemenschneider.

Würzburger Zeittafel

500 n. Chr.	In einer Schrift des Geografen von Ravenna werden zum ersten Mal Uburzis (Würzburg) und Ascapha (Aschaffenburg) erwähnt
531	Die Franken besiegen die Thüringer an der Unstrut
686	Die irischen Bischöfe Kilian, Kolonat und Totnan kommen als Missionare des Christentums nach Würzburg
689	Kilian, Kolonat und Totnan werden getötet
704	Würzburg wird erstmals als Castellum Virtebuch urkundlich erwähnt
742	Bonifatius gründet das Bistum Würzburg mit dem Angelsachsen Burkard als Bischof
1030	Kaiser Konrad II. verlängert das Münz- und das Marktrecht der Stadt, die Gerichtsbarkeit und das Recht, einen Jahrmarkt abzuhalten
1130	Bau einer Brücke über den Main durch den Dombaumeister Enzelin
1168	In der «Güldenen Freiheit» bestätigt Kaiser Barbarossa dem Bischof die Alleinherrschaft in Würzburg
1230	Walther von der Vogelweide wird im Neumünster beigesetzt
1316	Kuno vom Rebstock verkauft seinen Hof an die Stadt. Das Gebäude wird zum Rathaus umgebaut
1349	Judenpogrome, Ermordung von Juden, Plünderung und Zerstörung der Synagoge
1397	Uneingeschränkte Reichsfreiheit für die Stadt durch König Wenzel
1400	Die Bürger erheben sich gegen den Bischof und erleiden bei Bergtheim eine vernichtende Niederlage

1402	Gründung der Universität durch Bischof Johann von Egloffstein
1475	Der Maler Matthias Grünewald wird in Würzburg geboren
1525	Die Revolution der Bauern wird in Würzburg durch die Truppen des Bischofs Konrad niedergeschlagen
1531	Der Bildschnitzer Tilman Riemenschneider stirbt in Würzburg
1631	Gustav Adolf von Schweden besetzt die Stadt mit seinen Truppen
1720	Grundsteinlegung der Residenz durch Bischof Johann Philipp Franz von Schönborn
1802	Die Stadt wird von kurpfälzischen Truppen besetzt
1806	Napoleon marschiert in Würzburg ein
1814	Würzburg wird Bayern einverleibt
1918	Der Würzburger Arbeiter- und Soldatenrat regiert die Stadt
1933	Die Nazis ziehen am Rathaus die Hakenkreuzfahne auf, Oberbürgermeister Löffler muß zurücktreten. Theo Memmel wird Nazi-OB
1938	Die Nazis zerstören die Synagoge in der Domerschulgasse. Über 2000 unterfränkische Juden werden in Konzentrationslager verschleppt und ermordet
1945	Am 16. März fällt die Stadt bei einem amerikanischen Luftangriff in Schutt und Asche
1955	Abschluß der ersten Wiederaufbau-Phase, Würzburg hat knapp über 100000 Einwohner

Weinfranken

Auf dem Krankenschein gibt es den Frankenwein noch nicht. Aber weltberühmte Trinker, alle Winzer und Genossenschaftsvorsitzenden zwischen Michelbach, Weimersheim und Eltmann und auch der ganz normale Schoppenhauer schwören Weinstein und Bein, daß der fränkische Wein eine Medizin ist.

Als gesichert gilt, daß der Frankenwein nicht zu jenen verschärften Zuckerwassersorten gehört, in denen die Kopfwehtabletten bereits eingerührt sind. Das mag beim Mainwein höchstens für längst verflossene Zeiten gelten. Im Spätmittelalter sollen selbst die vornehmsten Kreszenzen nahezu ungenießbar gewesen sein: leicht verderblich, sauer wie Essigessenz und mit einer Wirkung nach einem Vollrausch, daß man drei Tage lang das Fallen einer Stecknadel auf den Fußboden für die Hammerschläge eines Schmiedes auf den Amboß oder gar auf den eigenen Kopf hielt. Von den explosiven Mischungen einiger weniger Weinpanscher abgesehen sind diese Zeiten aber schon seit über fünfhundert Jahren vorbei. Bekanntlich hatte ja schon der Geheimrat von Goethe regelmäßig ein starkes Verlangen nach seinem Würzburger Steinwein. Nach Essig-Injektionen direkt in die Gurgel wird es den Dichter ganz sicher nicht gelüstet haben.

Ähnlich wie die Franken liegen selbstverständlich auch ihre Lieblingsgetränke am Anfang im Dunkel der Geschichte. Dort sind sie gereift und gemäß alten Legenden schon im fünften nachchristlichen Jahrhundert ans Licht gekommen, was jedoch maßgebliche Weinforscher für ein Gerücht halten.

Man weiß, daß der eifrige Franken-Bekehrer, der Wanderbischof Kilian, den für seine heiligen Handlungen dringend benötigten Wein noch in großen Lederschläuchen vom Rhein importieren mußte. Kilian und seine zwei Missionar-Assistenten Kolonat und Totnan sind vermutlich im Jahr 686 in Würzburg angekommen. Erst hundert Jahre später soll es in der Würzburger Gegend die ersten Winzer gegeben haben.

Schwarz auf Weiß ist der Anbau des Frankenweins erst durch Kaiser Karl den Großen überliefert. Mit einer Urkunde besiegelt der Chef der Karolinger im Jahr 777, daß das Königsgut Hammelburg zusammen mit acht Weinbergen kostenlos in den Besitz der Mönche von Fulda übergeht.

Vom 10. Jahrhundert an wird jeder halbwegs brauchbare Quadratmeter für den Weinbau umgepflügt. Kein Wunder, denn neben den geistlichen Herrschaften hatten inzwischen auch die normalen Men-

Seite 117:
Regierungssitz und Ruhezone: Der Hofgarten *und die* Orangerie *(oben) und die* Residenz *(unten) in* Ansbach. *Die Stadt an der* Rezat *ist Mittelfrankens Hauptstadt, was manchen Nürnberger heute noch wurmt. Im Hofgarten wurde im Jahr 1833 der schwer geheimnisumwitterte Kaspar Hauser von einem unbekannten Messerstecher ermordet.*

Seite 118:
Das Herriedener Tor *in Ansbach.*

Seite 119:
Rokoko gegen Verkehrsampel: Altstadt-Szenerie in Ansbach.

Seite 120:
Sechshundert Jahre lang Sitz des Deutschen Ordens: *Das Städtchen* Ellingen *im südlichen Mittelfranken. Zu den noch erhaltenen Resten der Stadtbefestigung gehört das* Pleinfelder Tor *(Foto).*

Seite 121:
Die wichtigsten Bodenschätze Mittelfrankens: Ein Hopfenfeld in der Gegend von Spalt *und blühender Tabak in der Nähe von* Abenberg.

Seiten 122/123:
Architektonischer und geistiger Mittelpunkt Bambergs: *Der* Dom, *der unter Heinrich II. im Jahr 1012 eingeweiht wurde. Die bis heute erhaltene viertürmige Basilika stammt allerdings aus der Mitte des 13. Jahrhunderts. Der ursprüngliche Dom war durch mehrere Brände zerstört worden.*

Seite 124:
Eine Mauer zum Schutz gegen die Überfälle der Germanen: Ein Teil des um das Jahr 180 nach Christus erbauten Limes *in der Nähe von Ellingen. Der römische Schutzwall war zwischen den natürlichen Grenzen des Rheins und der Donau errichtet worden.*

Seite 125:
Die Mischung aus Häusern und Wasser hat zwar so gut wie überhaupt nichts mit der berühmten Lagunenstadt gemeinsam, aber in Bamberg heißt halt die mittelalterliche Fischersiedlung an der Regnitz *heute noch Klein-Venedig.*

Seite 126:
Die weltliche Macht mitten in der Regnitz: Auf einem Fundament von Pfählen wurde das Alte Bamberger Rathaus *im 15. Jahrhundert errichtet. Das prunkvolle Fachwerk des Rathaus-Anbaus – eine ehemalige Polizeistation – wurde im 17. Jahrhundert erneuert.*

Seite 127:
Burg, Kloster, Herrschaftssitz, politische Tagungsstätte, Touristenattraktion und der schönste Aussichtsplatz im oberen Maintal: *Im 10. Jahrhundert war* Banz *eine Befestigungsanlage, wurde im 11. Jahrhundert ein Benediktinerkloster und ging 1814 in den Besitz des Herzog Wilhelm über, der es vor dem Abbruch rettete. Heute verwendet die Hanns-Seidel-Stiftung der CSU das Schloß als Domizil für Tagungen.*

Seite 128:
Ein Ort zum Wundern und Wandern: Gegenüber von Banz, auf der anderen Seite des Maintales, thront die Wallfahrtskirche Vierzehnheilige. *An dem geheimnisvollen Platz hatte in den Jahren 1445 und 1446 ein Hirte angeblich das Jesuskind und die vierzehn Nothelfer gesehen. Die Basilika zur Erinnerung an das Wunder wurde nach den Plänen von Balthasar Neumann in den Jahren von 1743 bis 1772 gebaut.*

schen gemerkt, daß Durst schlimmer als Heimweh sein kann. Drei bis vier Liter Wein am Tag pro Mann, aber auch pro Frau, waren damals keine Seltenheit.

Ende des 15. Jahrhunderts erstreckt sich das Anbaugebiet des Frankenweins über eine Fläche von fast 40000 Hektar. Zum Vergleich: Nach der nicht von allen Winzern gepriesenen Flurbereinigung der siebziger Jahre wird heute auf nur noch 5000 Hektar zwischen Steigerwald und Main Wein angebaut.

Der Rückzug der Reben hatte nicht gerade lustige Gründe. Erst verwüsteten die Söldnerheere im Dreißigjährigen Krieg fast die Hälfte der unterfränkischen Weingärten, dann wurde nach der napoleonischen Flurbereinigung der Wein aus der Pfalz ein bedrohliches Konkurrenzgetränk und um 1880 vernichteten Rebstockerkrankungen – vor allem der Mehltau – riesige Weinbauflächen am Main.

Mal hat der Mensch flurbereinigt, mal hat die Natur mit ihrer Variante von Flurbereinigung zurückgeschlagen. Die staatlich initiierte Flurbereinigung in den siebziger Jahren diente ganz sicher dem Profit der nur höchst selten im Wohlstand lebenden fränkischen Weinbauern. Der Schönheit Unterfrankens diente sie aber ebenso sicher nicht. Es sei denn, jemand hält geometrische Langeweile und militärisch straff angetretene Rebstöcke für den Höhepunkt der Schönheit. Oder jemand ist der Meinung, auch ein Weinberg ist im Grunde nichts anderes als ein möglichst entseeltes Industriegebiet, gut befahrbar, teilbetoniert, baumlos, heckenfrei, quadratisch, praktisch, gut kunstgedüngt.

Seit der von Giftspritzen und Kunstdünger gequälte Boden neben Weinstöcken auch nitratverseuchtes Trinkwasser produziert, glauben längst nicht alle unterfränkischen Winzer mehr an die angeblich so wohltuende Kraft der Chemie. «Wenn wir so weitermachen», warnt ein Winzer in Nordheim, «und uns für die Krone der Schöpfung halten, dann können wir bald einpacken.» Noch ernten die Öko-Winzer an Main, Tauber und Saale neben kleineren Erträgen vor allem auch Mißtrauen ihrer Kollegen. Die Augustinus-Schwestern in dem kleinen Kloster auf der Vogelsburg verzichten seit 1980 auf die Allheilmittel aus der Dünger-Industrie und berufen sich beim mühseligen Beackern ihrer steilen Weinhänge über der Mainschleife auf Gott.

Über den richtigen Genuß von einem oder auch mehrerer Schoppen unter den Kastanienbäumen hoch über dem Tal heißt es in der Broschüre des ältesten fränkischen Weingutes: «Zwei Dinge sind dazu notwendig: Ruhe und Zeit ist das eine, gute Gesellschaft das andere, soll der Franken ganz und richtig munden. Und vielleicht noch eines – Dankbarkeit gegen den Schöpfer und Ehrfurcht vor seinen Gaben; sie geben Freude und Maß.»

Bamberg

Sehr gern sitzt ein fränkischer Mensch, wenn er denn einmal trotz seiner berühmten fränkischen Emsigkeit zwei bis drei Seidlein Zeit hat, an einem Sommerabend auf der Terrasse des Gasthauses «Zur Schranke» direkt neben dem Albrecht-Dürer-Haus und läßt sich die eine oder andere Halbe Rauchbier durch den Kopf gehen. Wesentlich besser ist ein Rauchbiertrinker aber dort aufgehoben, wo das Bier mit dem eingebauten Räucherschinkengeschmack herkommt, nämlich in Bamberg.

Außer dem Aecht Schlenkerla Rauchbier gibt es in dem wegen seiner sieben Hügel sogenannten Fränkischen Rom noch sehr viele andere Berühmtheiten: das Bamberger Hörnchen, den Bamberger Reiter, den Bamberger Bischof, die Bamberger Zwiefltreter, die Bamberger Symphoniker, die Bamberger Sandkärwa, den Bamberger Ziiberlaskäs, den Bamberger Dom und den Bamberger Bierkeller.

Bamberg liegt an der Regnitz, am Rhein-Main-Donaukanal und am linken oberen Eck von der Fränkischen Schweiz.

Sehr gut lernt man Bamberg kennen, wenn man ungefähr zwischen dem zweiten und dritten Seidlein Rauchbier, eventuell unter einem Kastanienbaum, anfängt, Gedichte des Bamberger Dichters Gerhard Krischker zu lesen. Zum Beispiel den Vierzeiler über Bamberg: «Foweechä/ auf siim Hüüchl/ Hindä/ siim Bärch/» (Von wegen/ auf sieben Hügeln/ Hinter/ sieben Bergen). Oder den Vierzeiler über das schwarze Bamberg mit dem Titel «Duusdä» (Duster): «Aa wenn bai uns/ ka Sunna schaind/ Schdämmä im Dom/ sain Schaddn/» (Auch wenn bei uns/ die Sonne nicht scheint/ stehen wir im Dom/ seinem Schatten).

So poetisch hat sich ein anderer Sohn dieser Stadt und der Sohn eines Försters nur selten ausgedrückt, wenn es um seinen Zwiespalt zwischen der heiligen Herrschaft und der Heimat ging. Karlheinz Deschner (geboren 1924 in Bamberg) widmete sich nach dem Studium der Forstwissenschaft, nach Jura, Philosophie, Literaturgeschichte und Promotion der Erforschung der von Nächstenliebe wenig durchdrungenen Vergangenheit der Kirche als politische Macht in Europa. Seine unter anderem auch zum Leidwesen des Bamberger Bischofs immer noch nicht beendete *Kriminalgeschichte des Christentums* beschreibt doktrinäre Rechthaberei um wirklich jeden Preis, Machtgier und Genußsucht der Päpste in allen Lebens- und Liebeslagen, klerikale Rachgier und Grausamkeit wie sie nicht im kleinen Katechismus steht.

Doch beim Rauchbier einigermaßen hoch über Bamberg mit dem domfreien Blick in die Fränkische Schweiz findet auch der unbequeme und gern unter den brokatenen Teppich gekehrte Kritiker seinen Frieden. «Manchmal», schreibt er über seine Heimat, «kräht ein Hahn von Tiefenellern herauf, manchmal schäumen die Wiesen wie grünes Wasser im Frühsommerlicht, baden die kleinen Feldgehölze die Füße im Nebel, manchmal der Abendhimmel ein einziger Fledermausflügel, und Baumstümpfe wie aus dem Erlkönig. Doch alles viel schöner noch, wirklich, wenn Sie verliebt sind. Aber das ist schwerer zu erreichen als die Fränkische Schweiz.»

Friedrich Hegel hat in Bamberg gelebt und ist nach Nürnberg gegangen. Fünf Jahre hat der Königsberger Mehrbereichskünstler Ernst Theodor Amadeus Hoffmann, unter seinem Kürzel E.T.A. Hoffmann wie ein bunter Hund bekannt, als Musiker, Bühnenmaler, Theaterarchitekt, Schreiber und Trinker in Bamberg verbracht.

Hoffmann, Hegel, Krischker und Deschner – das ist die weniger heilige und heile Seite der Stadt an der Regnitz. Für die heilige Seite war ursprünglich Kaiser Heinrich II. verantwortlich, der aus der karolingischen Burg aus dem 8. Jahrhundert im Jahr 1007 einen kaiserlichen Stützpunkt und ein Bistum machte. Mit der Huld des Kaisers und der Kasse der Kirche wird Bamberg eine Territorialmacht, die sich über halb Ostfranken, vom Fichtelgebirge bis nach Fürth erstreckt. Zweimal erheben sich die Bürger der Stadt gegen Klerus und

Zeugnisformular für einen Handwerker über Arbeit in Bamberg mit Ansicht der Stadt, 1806/1807.

Adel. Zweimal ohne Erfolg. Der Aufstand 1435 gegen den Bischof wird niedergeschlagen, ein Jahrhundert später scheitern die revolutionären Bauern auch in Bamberg.

In der Blütezeit der Stadt unter den Schönborn-Bischöfen entsteht die Residenz, Schloß Pommersfelden und die Wallfahrtskirche Vierzehnheiligen. Im Jahr 1803 wird Bamberg bayerisch. Was der Regierung in München noch 116 Jahre später sehr zugute kommt.

Als im Jahr 1919 in der Landeshauptstadt die Räterepublik proklamiert wird, geht die Regierung ins fränkische Exil und arbeitet ein Vierteljahr lang an einer neuen Konstitution.

Die «Bamberger Verfassung» wird erst 1933 bei der Machtergreifung Hitlers außer Kraft gesetzt. Den Krieg übersteht das Fränkische Rom, das kleine Venedig am Rand der Fränkischen Schweiz fast unbeschädigt. Barock, Bier und Bischof haben auch die fränkische Beton-Phase gut überstanden. Wenn da Gerhard Krischker auch eine andere Meinung hat: «Vom Griich väschoond, vom Schdaddrood nedd...»

Bamberger Zeittafel

902	Erste urkundliche Erwähnung des Castrum Babenberg
906	Sturz der Babenberger, Bamberg gehört zum Deutschen Reich
973	Kaiser Otto II. überläßt die Civitas Papinberc dem Bayernherzog
1007	Gründung des Bistums Bamberg durch den Sohn des Bayernherzogs, Kaiser Heinrich II.
1047	Der Bamberger Bischof Suidger, unter dem Namen Clemens II. Papst, wird im Bamberger Dom bestattet
1099	Frutolf von St. Michael schreibt die erste deutsche Weltchronik
1435	Niederschlagung des Bamberger Bürgeraufstandes
1773	Ausbau des Priesterseminars zur Universität, die bis 1802 besteht
1796	Die Franzosen als Besatzungstruppen in Bamberg
1803	Bamberg wird bayerisch
1808	Bamberg wird Regierungssitz für den Obermainkreis
1810	Der Regierungssitz wird nach Bayreuth verlegt
1919	Die Regierung von München geht während der bayerischen Räterepublik nach Bamberg
1938	Zerstörung der Synagoge durch die Nazis
1979	Gründung der neuen Universität

Wenig Schweizer Franken in der Fränkischen Schweiz

Kleine Holzkreuze mit Plastikblumen am Straßenrand sind die traurigsten Wegweiser in der schönsten fränkischen Landschaft. Und eigentlich waren die schmalen Straßen, halsbrecherischen Kurven, Steigungen und Abfahrten zwischen Hollfeld und Behringersmühle, oder einmal Gößweinstein rauf und runter nicht als Teststrecke für Motorradfahrer gedacht.

Wer sich Samstag und Sonntag dort auf der Straße zügig fortbewegen möchte, sollte einen Hubraum nicht unter 750 Kubikzentimeter haben. Aber abseits der Rennstrecken und erst recht abseits der Wochenenden ist das Dreieck zwischen Gräfenberg im Süden, Bamberg im Westen und Bayreuth im Osten immer noch Frankens Vorzeig-Landschaft.

Fränkischer als in der Fränkischen Schweiz geht's nicht: überschaubar, betulich und wichtig, unverstanden, der Welt verschlossen, ans Autobahnnetz angebunden – im kleinen und ganzen ein komplettes Idyll. Was die Fränkische Schweiz mit der richtigen Schweiz zu tun hat? Offensichtlich nix. Weit und breit keine Millionäre, keine Schweizer Franken, keine Banken mit Nummernkonten.

Von Nürnberg aus nähert man sich auch heute noch der Fränkischen Schweiz gern mit dem Zug vom Nordostbahnhof nach Gräfenberg. Unmittelbar nach drei Halben halbdunklem Bier erhebt sich dann das Gebirge. Der beste Weg durch die Täler und über die Höhen ist nämlich nicht der mit dem Fuß am Gaspedal, sondern der mit dem Fuß am Wanderweg.

Von Gräfenberg hatscht man über Hohenschwärz (Vorsicht, die Kleinbrauerei Hoffmann kreuzt den Weg) nach Kunreuth an Forchheim vorbei aufs Walberla. Der Berg mit der Delln in der Mitte heißt Walberla, weil eine Delln auf Fränkisch ein Walberla ist. Es kann aber wortentstehungsmäßig auch umgekehrt gewesen sein, nämlich daß die Delln am Kopf eines Kärwa-Burschen infolge des Zusammenstoßes mit einem Maßkrug gemäß dem Walberla am Walberla Walberla genannt wird. Für den, der ethymologisch nicht ganz durchblickt, ist es ganz gut, daß das Walberla hochdeutsch Ehrenbürg heißt und seinen anderen Namen von der heiligen Walburga hat.

An den Hängen der Ehrenbürg wachsen Kletterfelsen, an denen seit neuestem Kletterverbot herrscht. Weiterhin wachsen an ihren Hängen Schlehenbüsche, für die noch kein Ernteverbot herrscht, sodaß aus den Schlehen in Ebermannstadt und Umgebung der kost- und trinkbare Schlehengeist gebrannt werden kann. An den Hängen des Walberla wächst auch einmal im Jahr ein großes Freiluftwirtshaus mit Tischen und Bänken, mit den Berg hinauf pretschenden grün, blau und rot angestrichenen Bierlastwagen, mit Preßsacktransportern und einer riesigen, durstigen Menschenmenge. Es ist dann der erste Sonntag im Mai und Kirchweih, beziehungsweise Kapellenweih, auf der Ehrenbürg, wo vielleicht die Kirschenbäume blühen und ein Glanz ringsherum über dem Land liegt, wie wenn ein Zellophanpapier drübergespannt wär. An so einem Tag hat ein fränkischer Wandersmann ganz bestimmt schon einmal gesagt: jetzt müßte man die Zeit anhalten können.

Am andern Tag wandert man leichtfüßig und schwerköpfig das Leinleitertal über Gasseldorf, Heiligenstadt, Greifenstein nach Aufseß. Von dort stammt der Freiherr von Aufseß, der in Nürnberg das Germanische Nationalmuseum gegründet hat. Von Aufseß aus kann man nach Norden gehen und in Hollfeld der Wiesent bei ihrer Entstehung zuschauen. Dann wendet man sich wieder in Richtung Süden immer der Wiesent entlang.

Bach- und Flüsschentäler gibt es in der Fränkischen Schweiz so viele, daß man sie teilweise sogar schon wieder abschaffen wollte. Zum Beispiel hatte man die Püttlach und ihr Tal in einen riesigen Stausee verwandeln wollen. Als eine Attraktion für den Tourismus, hieß es in den Akten des Landratsamtes. Naturschützer, Einheimische und auch Touristen haben sich gefragt, was denn daran so attraktiv ist, wenn ein ganzes Tal mit Buchen und Tannen, Schlehenbüschen, Butterblumen, Orchideen, Seidelbast, Maiglöckchen und Schlüsselblumen geflutet wird. Jetzt ist die Attraktion dort geblieben, wo sie sehr

Ansicht von Muggendorf in der Fränkischen Schweiz.

gut aufgehoben ist, nämlich in den Akten des Landratsamtes, und staubt hoffentlich noch sehr lange vor sich hin.

Wo die Püttlach in die Wiesent fließt, liegt Behringersmühle – dort ist der geografische Mittelpunkt der Fränkischen Schweiz. Nach dem kurzen, aber steilen Umweg über Gößweinstein (Vorsicht, Basilika und dunkles Bier auf der Burg) schleicht man zwischen dem Fluß und den Schienen der altehrwürdigen, privat betriebenen Museumsdampfeisenbahn von einer Mühle zur andern, durch die ehemaligen Hoheitsgebiete der Strauchdiebe und Raubritter nach Streitberg (Vorsicht, Pilgerstube mit Schlehengeist), Pretzfeld, durchs Trubachtal nach Eggloffstein und wieder zurück nach Gräfenberg.

Manche Wanderer brauchen dazu eine Woche, manche zwei Wochen, manche ein ganzes Leben lang. Und am längsten haben die gebraucht, die nicht zu Fuß, sondern halbhoch zu Motorrad die Fränkische Schweiz im Vorbeihuschen besichtigen wollten und für die man dann ein Holzkreuz mit Plastikblumen am Straßenrand errichten hat müssen.

Seite 137:
Deutschlands berühmtester Klangkörper: Rein architektonisch gilt die Bayreuther *Backstein-Oper, das Festspielhaus Richard Wagners (oben), nicht unter allen Fachleuten als Kleinod. Zum Bau des von Otto von Brückwald geplanten Hauses stiftete unter anderem Bayerns verwirrter Spendierhosen-König Ludwig II. 100 000 Taler. Die ersten Festspiele im Jahr 1876 wurden dennoch ein finanzielles Fiasko. Im Zweiten Weltkrieg zerstört und wieder aufgebaut: Die* Eremitage *(unten) am Stadtrand von Bayreuth hatte die Markgräfin Wilhelmine von ihrem Schwiegervater, dem Markgraf Georg Wilhelm, im Jahr 1732 als Geschenk bekommen.*

Seite 138:
Kitsch oder Kunst – die Frage verwischt sich im Lauf der Jahrhunderte häufig: Brunnenfiguren in der Bayreuther Eremitage.

Seite 139:
Innenansicht des Wahrzeichens Kulmbachs: *Die* Plassenburg *stammt aus der Zeit zwischen dem 11. und 12. Jahrhundert. Im Jahr 1792 kam die Stadt und die mächtige Burg unter preußische Herrschaft, wurde danach während einer vierjährigen französischen Besatzungszeit (1806 bis 1810) teilweise zerstört. Im Jahr 1810 wurde Kulmbach bayerisch.*

Seite 140:
Inspiration für das berühmteste Kirchenlied der Protestanten: Auf der Coburger Veste *schrieb Martin Luther sein Lied «Eine feste Burg ist unser Gott». Der Initiator der Reformation hatte im Jahr 1530 – vom Kaiser in die Reichsacht gelegt – auf der Coburger Festung Zuflucht vor staatlichen Nachstellungen gesucht.*

Seite 141:
Der Krieg findet nur noch im Museum statt: Mittelalterliche Kanonen auf der Freiung der Coburger Veste. Die fast tausend Jahre alte Burg war im Jahr 1632 von Wallenstein vergeblich belagert worden. Heute sind dort eine Kunstsammlung und ein Waffenmuseum untergebracht.

Seite 142:
Idylle zwischen Krieg und Kunst: Die Kronacher *Festung* Rosenberg *diente bis ins Jahr 1806 militärischen Strategien. Im Jahr 1983 hat das Bayerische Nationalmuseum in den Räumen der Kronacher Burg die Fränkische Kunstgalerie einquartiert.*

Seite 143:
Waschkorb, Brotkorb, Maulkorb: Lichtenfels *ist seit zweihundertfünfzig Jahren das Zentrum des Korbmacherhandwerks. Es gibt den berühmten Lichtenfelser Korbmarkt, die staatliche Fachschule für Korbmacherei und in Michelau das Deutsche Korbmuseum. Die Korbmacher flechten zwar immer noch mit Weidenruten, doch wesentlich ertragreicher ist die Produktion von Rattanmöbel-Flechtwerk. Die exotische Rattanwurzel findet in der Lichtenfelser Region zunehmend mehr Verwendung.*

Seite 144:
Eine Burg, die keine Burg ist, aber dafür eine sehr berühmte Patronin hat: Die Luisenburg *in* Wunsiedel, *ein romantisches Felsenlabyrinth wird seit dem 17. Jahrhundert als Freilichtbühne verwendet. Die Steinbrockensammlung am Rande des Fichtelgebirges wurde nach einem Besuch der Preußen-Königin Luise Luisenburg getauft.*

Seite 145:
In letzter Zeit ein seltener Gast: Schnee auf den Höhen des Fichtelgebirges. *In den Ski-Zentren von Bischofsgrün und Mehlmeisel klagen die Liftbesitzer schon seit fünf Jahren, daß sich, möglicherweise durch die Auswirkungen des Ozonlochs, im Winter die weiße Pracht in Grenzen hält.*

Seite 146:
Abbruch der deutschen Beziehungsängste: Im November 1989 (oben) stand die Mauer zwischen den zwei Teilen des früher einmal gesamtfränkischen Dorfes Mödlareuth *wie ein Jahrhundertbauwerk. Im März 1990 (unten) durften sich die Mödlareuther West und die Mödlareuther Ost zum ersten Mal wieder begegnen. In den «antifaschistischen» Grenzwall hatten Soldaten der Nationalen Volksarmee am 16. März ein Loch geschlagen.*

Seite 147:
Die neue Freiheit in Oberfranken: In der Grenzstadt Hof *herrschte in den Dezembertagen 1989 Belagerungszustand. Die Flut von DDR-Bürgern und ihren Trabbis nahm an den Weihnachtswochenenden Ausmaße an, daß die Hofer beim Einkaufen oft vor leeren Regalen und verrammelten Supermärkten standen; – «Wegen Ausverkauf geschlossen» stand an den Ladentüren.*

Seite 148:
Die Urzelle einer ehemaligen Grenzstadt: Im Jahr 1214 wurde die Hofer Lorenzkirche *zum ersten Mal urkundlich erwähnt und vermutlich in der Mitte des 12. Jahrhunderts gebaut.*

Grenzübergang
für Fußgänger
Mödlareuth
8^{00} - 22^{00} Uhr

Mödlareuth
Kreis Hof
Halt!
Hier
Grenze

FREIHEITS
XZ 18-27
DDR
HO W 620

30m
REISEN
APOTHEKE
HOTEL
CAFE
LOTTO TOTO
KAMIN STUBE
TAXI
3 Taxen

Bayreuth

Wo einem der Hintern pelzig wird und der böhmische Wind nicht nur frische Luft mit sich bringt

Einen nachhaltigen Eindruck hinterläßt Bayreuth auf den auswärtigen Besucher, wenn ihm zur Festspielzeit nach sechs Stunden Lohengrin langsam die Sitzfläche einschläft. Selbstverständlich hat die schöne Barockstadt kurz vor dem Fichtelgebirge nicht nur pelzige Hintern zu bieten. Aber Richard Wagner, der Erfinder der Langspiel-Arien und des Backstein-Barocks, ist halt seit seinem Umzug von der Schweiz ins rechte obere Eck der Fränkischen Schweiz im Jahr 1872 mit Bayreuth so eng verbunden wie Nürnberg mit der Zwergbratwurst, Bamberg mit dem Bischof und Gräfenberg mit dem selbergebrannten Bierschnaps zum Preßsack.

Unter den erlauchten Herrschaften von der Begum bis zum Bundespräsidenten war auch ein gewisser Adolf Schicklgruber, ein glühender Besteller von Festspiel-Freikarten. *Tristan und Isolde* soll der dann auch unter seinem Künstlernamen Hitler bekannt gewordene Star-Wagnerianer über hundertmal gelauscht haben. Wofür Richard Wagner (1813 bis 1883) kaum verantwortlich zu machen ist. Schon eher aber für die Bemerkung in seiner Schrift über *Das Judentum in der Musik:* «Der Jude, der bekanntlich einen Gott für sich allein hat, fällt uns im gemeinen Leben zunächst durch seine äußere Erscheinung auf, die, gleichviel welcher europäischen Nationalität wir angehören, etwas dieser Nationalität Fremdartiges hat. Wir wünschen unwillkürlich, mit einem so aussehenden Menschen nichts gemein zu haben.»

Der Meister der Leitmotivtechnik und des dissonanten Vorhalteakkordes, was immer das sein mag, hatte mit der Politik in beiden Richtungen und mit dem Geld keine sehr glückliche Hand.

Wegen seiner Aktivitäten während der Revolution in Deutschland mußte Wagner 1849 in die Schweiz flüchten. Zuvor hatte der Theaterdirektor Bethmann nach der Uraufführung der Wagner-Oper *Das Liebesverbot* (1836) pleite gemacht. In München zerstritt sich Richard Wagner unter anderem auch aus finanziellen Gründen mit seinem Freund und Geldgeber Ludwig II. Der Start in Bayreuth ähnelte dem Zwangsabschied in München: Trotz reichlich Prominenz beim Auftakt der Festspiele am 13. August 1876 (gesichtet wurden unter anderem Kaiser Wilhelm I., Don Pedro II. von Brasilien und Ludwig II. von Bayern) fand Richard Wagner beim Kassensturz wesentlich weniger als nichts vor – nämlich ein Defizit von 150000 Mark. Bei der zweiten Aufführung des Ring-Zyklus waren die Reihen nicht dicht geschlossen, sondern ziemlich leer.

Inzwischen sind die Reihen in der Bayreuther Backsteinoper jedes Jahr bis auf den letzten Platz ausverkauft und man beobachtet nicht selten feierlich gekleidete Menschen, die zwar keine Eintrittskarte, aber gerade noch einen Parkplatz ergattert haben und der Musik des Meisters synchron zur Aufführung live übertragenen Weisen am Autoradio lauschen.

Fast siebzig Jahre vor dem feierlichen Einzug Wagners in Bayreuth ließ sich (1804) ein gewisser Johann Paul Friedrich Richter in der markgräflichen Stadt am Roten Main nieder. Nach ihm steht heute niemand mehr Schlange. Aber immerhin steht dieser Johann Paul Friedrich Richter, 1763 in Wunsiedel geboren und 1825 in Bayreuth gestorben, mit fast zwei Spalten im Literaturlexikon unter J wie Jean Paul, seinem Dichternamen.

Wegen Mangel an liebens- und erinnernswerten Berühmtheiten wird Jean Paul von vielen fränkischen Städtchen für die örtliche Prominentenliste reklamiert. Der Dichter und Erfinder der introvertierten Idyllsatire (ein amtlich noch nicht anerkannter Fachbegriff) ist ein Sohn der Stadt Wunsiedel, ein Sohn des Dorfes Schwarzenbach, ein Sohn der Gemeinde Joditz, ein Sohn der Stadt Hof und ein Sohn Bayreuths.

In Wunsiedel ist er am 21. März 1763 als Sohn eines armen Lehrers und Predigers auf die Welt gekommen, in Joditz und Schwarzenbach hat er seine Kindheit verbracht, in Hof hat er das Gymnasium besucht, in Bayreuth hat er bei der Wirtin Rollwenzel logiert, geschrieben, ist erblindet und am 14. November 1825 gestorben. Nicht jeder in Franken hat den Dichter Jean Paul vergessen.

Der in Nürnberg geborene, in der Oberpfalz aufgewachsene und in München arbeitende, dreisprachig (fränkisch, oberpfälzisch, bairisch) begabte Fernsehjournalist Werner Widmann verweist in jeder zweiten Sendung zu Recht und gottseidank auf den vergessenen Jean Paul.

Bayreuth ist «eine der schönsten Städte Deutschlands« – berichtet der französische Berufsreisende Baron Camille de Tournon. Das hohe Lied auf die Regierungshauptstadt von Oberfranken ist allerdings schon ein bißchen angegilbt – es stammt aus dem Jahr 1809, als die einstige bairische Siedlung – im Jahr 1194 taucht in einer Urkunde zum ersten Mal der Name Baierrute auf – von den Beamten und Soldaten Napoleons verwaltet wurde. Der Herr Baron schwärmt von Kastanien und Lindenbäumen, von lauschigen Gärtlein rund um die Stadt und duftenden Wiesenblumen am Main.

Bei Ostwind duftet es heutzutage unter anderem auch nach Autobahn, und wenn der böhmische Wind von noch weiter her kommt, dann können die Bayreuther sogar riechen, daß in der Tschechoslowakei die Hochöfen immer noch keine Filter oder Katalysatoren haben. Die Geruchswürdigkeiten sind in der Beamtenstadt am Obermain (72000 Einwohner) aber glücklicherweise noch nicht an der Tagesordnung, und die Sehenswürdigkeiten haben dank der baufreudigen Markgrafen immer noch die Oberhand.

Im 13. Jahrhundert gehört die Stadt den Hohenzollern, Markgraf Albrecht Alcibiades verlegt in der Mitte des 16. Jahrhunderts die Hofkanzlei von Kulmbach nach Bayreuth, 1603 wird das Städtchen zwischen der Fränkischen Alb und dem Fichtelgebirge Residenz des Fürstentums.

Ab 1732 herrschte in Bayreuth die sogenannte Blütezeit, von der damals die Normalbürger vermutlich nicht so sehr viel hatten, weil man halt von den vielgepriesenen Barockbauten schlecht runterbeißen kann. Dafür nützt es heute dem Fremdenverkehrsamt, daß Wilhelmine von Preußen, die ältere Schwester Friedrich des Großen, nach Bayreuth heiratete und ihren Frust über den Abschied aus Berlin mit der Bekanntgabe der bereits erwähnten Bayreuther Blütezeit bekämpfte. Es blühten die Baufirmen, die Architektur-Büros, die Wissenschaften, das lustige Hofleben, die Jagd und die Sollzinsen. Wilhelmine ließ die Eremitage – vorher ein reichlich eigenartiges Refugium des Markgrafen Georg Wilhelm – umbauen und das Neue Schloß durch die Hof-Architekten Saint-Pierre und Carl Philipp von Gontard errichten. Allein der Schloßbau kostete die unermüdliche Bauherrin 100000 Taler.

Nach der sogenannten Blütezeit wurden kurzfristig die Ansbacher Markgrafen die Chefs in der Stadt, 1791 kassierten die Preußen Bayreuth, dann kassierte Napoleon die Preußen und im Jahr 1810 wurde das schöne Plätzchen unter Kastanien und Linden, zwischen Wiesen und Gärtchen wieder das, was es ganz am Anfang schon war – nämlich bayerisch.

Fichtelgebirge

Mit dem Zug bis Warmensteinach, in der Bahnhofsrestauration eine Nudelkraftbrühe, ohne Kraft und fast ohne Nudeln, und dann immer dem Haselnußstecken nach durch finstere Wälder, an Felstrümmern vorbei, an einem Sechsämtertropfen riechend fast ohnmächtig geworden. Fleckl, Bischofsgrün, Oberwarmensteinach, Kösseine, Ochsenkopf, die Weißmainquelle und Muskelkater. So ungefähr gehen die Erinnerungen aus der Kindheit, wo die Naturfreunde e.V. noch ganz ohne die Programmhinweise des Fremdenverkehrsvereins auf eigene Faust, beziehungsweise auf eigenen Blasen das Fichtelgebirge entdeckt und für sich in Anspruch genommen haben.

Vom Fremdenverkehrsverein, von protzigen Hotelquadern und einer leicht größenwahnsinnig gewordenen Bergbahn einmal abgesehen, hat sich im Fichtelgebirge gottseidank immer noch wenig geändert. Außer zur Ferienzeit die Autonummern, die seit dem Abfall der Nürnberger Touristen in Richtung Alpen kein N mehr haben, sondern ein B. Wie es in einer sehr schönen Allitteration heißt, bilgern die Berliner Breißn wegen die billigen Breise nach Bad Berneck. Bekanntlich gibt es auch in Oberfranken kein hartes P. Im hart angrenzenden Oberbfälzischen auch nicht. Manchmal riecht es auch ein bißchen streng, wenn der böhmische Wind weht, was allerdings ein trauriges Kapitel Fichtelgebirge ist. Denn an den Chemieschwaden, die bei Ostwind aus der Tschechoslowakei über die Grenze wechseln, krepieren die Bäume und verzweifeln manchmal die Fremdenverkehrsdirektoren. Auch wenn die sagen, sie haben es jetzt im Griff.

Die Hochfläche hinter dem hufeisenförmigen Gebirge ist erst im 13. Jahrhundert für die menschliche Nutzbarmachung gerodet worden. Und dabei ist man auf Gold gestoßen. Das Schlürfrecht Berliner Touristen am örtlichen Bier wird aber von größerer Dauer sein, als damals das Schürfrecht in den Egerländer Claims. Zwar frohlockte Alexander von Humboldt – er war unter anderem auch als Bergwerkexperte im Fichtelgebirge – im Jahr 1792: «Die Flüsse hier führen alle Gold mit sich», doch zum großen Goldrausch reichte das bißchen gelber Staub längst nicht mehr. Venetianer und Sachsen sollen hier lange vor der Spurensuche des Allround-Wissenschaftlers die Goldvorkommen fast bis zur Neige ausgebeutet haben. Am Ende des Mittelalters, dem Höhepunkt der Goldsuche, waren im Gebirge rund 1000 Bergleute mit dem Schürfen beschäftigt.

Das Geschäft mit den Mini-Nuggets wurde nach dem Ersten Weltkrieg noch einmal belebt. Doch von Bestand waren die Bemühungen der 1920 gegründeten Fichtelgold AG nicht. Nach fünf Jahren mußten die Goldsucher ihre Arbeit wieder einstellen. Über die Edelmetall-Vorkommen im Fichtelgebirge gibt es heute nur noch Vermutungen. Das bayerische Wirtschaftsministerium schätzte anhand einer Studie, daß eine Tonne Gestein gerade viereinhalb Gramm Gold enthält, und blies einen geplanten Abbau wegen Unwirtschaftlichkeit ab.

Inzwischen vermißt man in Oberwarmensteinach, in Fleckl, Bischofsgrün und Mehlmeisel mehr und mehr auch das weiße Gold. Seit Jahren mag es im Fichtelgebirge nicht mehr so recht schneien. Im gleichen Maß, wie die Fichtelgebirgler ihre Skilifte und Sesselbahnen komfortabler ausbauten, machte sich der Winter immer rarer. «Vielleicht», dachte der Bürgermeister von Mehlmeisel über das Wetter nach, «vielleicht, haben wir unser verrücktes Wetter selbergemacht. Vielleicht bleibt es halt doch nicht ohne Auswirkungen, daß wir in Südamerika die Regenwälder abholzen, daß wir die Luft verschmutzen, die Natur zerstören – und mit der Erde umgehen, als gäbe es noch eine Reserveweltkugel.»

Seit der eiserne Vorhang nicht mehr eisern ist, hofft man, daß die Tschechen ihre Dreckschleudern entlang der Grenze mit Filtern ausstatten. Und daß man dann im alten Sechsämterland nach dem Genuß von zehn bis zwölf Gläschen Fichtelgebirgs-Whisky auch bei Ostwind zum Auslüften vor die Wirtshaustür gehen und lallen kann: «Die frische Luft doud goud.»

Hof

Wie der Kommissar Schöberlein einen angenehmen Arbeitsplatz verloren hat

Hof ist gemäß der Inschrift eines Autoaufklebers in Bayern ganz oben. Es soll auch heißen: Hinter Hof kommen noch fünf Kilometer Brachland, die Ortschaft Töpen, ein mehr als mannshoher Drahtzaun und dann nichts mehr. Oder: Gleich hinter Hof liegt das Fünf-Häuser-Dorf Mödlareuth, das in nur dreißig Jahren berühmter wurde als alle anderen bayerischen Fünf-Häuser-Dörfer. Gleich nach dem Bau der Berliner Mauer gingen die DDR-Maurer daran, auch dem durch den Tannbach in Ost und West getrennten Dorf eine Mauer zu verpassen. Seither hatte Mödlareuth eine große Gedenktafel, einen staatlich geförderten Großparkplatz mit Bedürfnisanstalt und einen Unterstand mit Blick nach Osten, daß Besucher auch bei schlechtem Wetter den Wachturm drüben, die Grenzpatrouille und die Mauer beobachten konnten. Sogar US-Präsident George Bush war hier schon auf Beobachtungsbesuch, als er noch Vizepräsident war. Jetzt wird er so schnell nicht mehr kommen.

Nach der Wende wackelte auch in Mödlareuth die Wand. «Als Denkmal», meinte ein Bauer (West) beim gesamtdeutschen Frühstück in der Küche zu einem Besucher (Ost), «als Denkmal sollten wir ein Stück von der Mauer noch stehen lassen.» Und die Geschäftsführerin einer Firma für bio-dynamisch produzierte Lebensmittel in Töpen hart an der Grenze hatte es schon lange geahnt: «Ewig konnte diese Grenze nicht bleiben. Wir haben schon gewußt, warum wir mit unserer Firma hier her gegangen sind. Alle haben uns ausgelacht und uns viel Vergnügen in Bayerisch-Sibirien gewünscht. Und jetzt sind wir auf einmal mitten in Europa.»

Die Hofer kamen sich in den ersten Dezembertagen 1989 vor wie mitten in einem Ameisenhaufen. Am zweiten verkaufsoffenen Samstag vor Weihnachten meldete der Verkehrsfunk: «Die Stadt Hof ist zu.» Zehntausende von DDR-Bürgern mit Sack und Pack und Einkaufswägen in den Straßen. Im Trabi, mit Motorrädern, auf dem Fahrrad und zu Fuß kamen die Thüringer und Sachsen, feierten Wiedersehen, freuten sich an der Freiheit und kauften, was einigermaßen preiswert war. Und lernten auch gleich kapitalistische Marktgesetze kennen. Der Preis für das Kilo Bananen verdreifachte sich innerhalb weniger Stunden. Nach dem Wochenende war die Stadt ausverkauft, an den Supermärkten hingen Schilder «Regale leer – vorübergehend geschlossen» am Eingang. In der Nacht noch trabten DDR-Besucher mit Plastiktüten beladen stadtauswärts auf die Wiesen am Autobahnzubringer, notdürftig als Trabi-Parkplatz hergerichtet.

Im offiziellen Stadt-Prospekt war in diesen Tagen noch über die vierzigjährige, jüngste Vergangenheit Hofs zu lesen: «Am härtesten getroffen wurde die Stadt durch jene Grenze, die man hier hautnah im Norden und im Osten unseres Stadtgebietes fühlt, denn sie ist hermetisch abgeschlossen. Sie schneidet Jahrhunderte alte Verkehrs-, Kultur- und Wirtschaftsbeziehungen ab und sie beengt die Stadt in ihrer Entwicklung.» Zwei Wochen nach Öffnung der Grenzen sagt der für die Wirtschaftsentwicklung Hofs zuständige Rathaus-Beamte entnervt: «Ich kann das Wort Wiedervereinigung nicht mehr hören.»

In diesen denkwürdigen Tagen vor Weihnachten erscheint ein Buch des Mehrbereichskünstlers Tom C. Breuer. Der gebürtige Freiburger hat ein Faible für Krimis und eine unglückliche Liebe zu Oberfranken. Beim Schreiben der Geschichte über das «oberfränkische Bermudadreieck» ist alles noch beim alten: fahler Mondschein über dem Grenzland, Agenten-Trupps im Spionage-Dreieck zwischen DDR, CSSR und Ofr., Schüsse, die durch die Finsternis von Ost nach West peitschen. Kurz nach dem Erscheinen des Buches gibt es keinen eisernen Vorhang mehr, keinen Stacheldraht und keinen Todesstreifen. Jetzt muß sich der Kommissar Schöberlein einen anderen Ort der Handlung suchen, weil aus dem oberfränkischen Bermudadreieck ein Bananendreieck geworden ist mit Aussicht auf Entwicklung zur Drehscheibe Europas. Falls nichts dazwischenkommt.

Spessart

So lernte man es seinerzeit in der Zwergenschule: «Kinzig, Sinn und Main schließen den Spessart ein.» Lang vor der Volksschullehrer-Weisheit schlossen vor allem die Bischöfe von Mainz den Spessart ein. Ihnen gefielen die Eichen- und Buchen-Urwälder rund um den nicht ganz 600 Meter hohen Geyersberg mindestens so gut wie den Touristen heute. Die geistlichen Kurfürsten aus Mainz beschlossen um das Jahr 1000 herum, daß der damals in bischöflichen Besitz gekommene «Spechtshart» in Zukunft nicht mehr wirtschaftlich genutzt werden darf. Kein Waldbauerndorf wurde mehr geduldet, denn der Spessart diente den Mainzer Würdenträgern von da an nur noch als Jagdrevier.

Der hochherrschaftliche Zugriff hatte zwei Auswirkungen: Die ohnehin nicht mit Reichtümern gesegnete Bevölkerung verarmte noch mehr. Positiv machte sich das Waldverbot aber tausend Jahre später bemerkbar. Denn heute ist der Spessart Deutschlands größtes zusammenhängendes Waldgebiet. Doch dafür konnten sich die Spessartbauern noch im ausgehenden 19. Jahrhundert im wahrsten Sinn des Wortes wenig kaufen. Im einstigen bischöflichen Bannwald ernährten sich die Bewohner der Spessart-Dörfer Rothenbuch oder Weibersbrunn nur notdürftig von ihren winzigen Äckern.

Nach einer verheerenden Typhus-Epidemie in der Mitte des letzten Jahrhunderts unterstützte die bayerische Regierung ihre nördlichen Untertanen: Durch staatliche Subventionen und Spenden kamen fast 100 000 Gulden zur Bekämpfung von Hunger, Elend und Epidemien zusammen.

Seinen Ruf als Schlupfwinkel für Räuber, Mörder und Lösegelderpresser erhielt der Spessart durch die Geschichte vom *Wirtshaus im Spessart* (1826) des Märchendichters Wilhelm Hauff und vom politischen Durcheinander im 18. Jahrhundert. Bei Strafverfolgungen konnten die Spessart-Banditen nämlich innerhalb kürzester Zeit auf andere Hoheitsgebiete ausweichen und sich so der Strafverfolgung rasch entziehen. Im Osten hatte Würzburg das Sagen, im Norden die Grafen von Rieneck und im Westen das Kurfürstentum Mainz. Zur Ehrenrettung der Spessartbevölkerung muß man aber anmerken, daß die im Unterfränkischen tätige Wald-Mafia sich aus allen Gegenden Deutschlands rekrutierte, nur nicht aus den Spessartdörfern. Als Wilhelm Hauff während einer Reise durch den Spechtswald *Das Wirtshaus im Spessart* schrieb, hatte die Polizei schon ganze Arbeit geleistet: Es gab keine Spessarträuber mehr.

Seite 157:
Es wird ein Wein sein, und mir wern nimmer sein. Die Nachdenklichkeiten für Weintrinker und Weinbauern haben Bildhauer in Franken in Stein geschlagen. Die Bildstöcke in Sommerach *und* Volkach *waren in früheren Zeiten aber auch als Fürbitten an den Herrn gedacht, daß er Hagel, Frost und die Reblaus in Grenzen hält, zum Wohl einer ertragreichen Weinlese.*

Seite 158:
Frankens allerwichtigster Bodenschatz: Seit über 1200 Jahren wird am Main, an der Saale und im Steigerwald Frankenwein angebaut. Kleine Weingärten, Hecken und verwitterte Mauern, Winzer, die statt hoch zu Traktor noch gebückt zu Fuß durch die Weinstockreihen laufen und auch die Silvanertraube – das alles gehört seit der Industrialisierung der Weinberge leider auch in Franken zu den Seltenheiten.

Seite 159:
Romantik mit Zipfelmütze: Das Rödelseer Tor *in* Iphofen. *Das Weinstädtchen in der Nähe des Schwanberges ist noch fast ganz von einer spätmittelalterlichen Wehrmauer umgeben.*

Seite 160:
In allen Himmelsrichtungen vom kostbaren Meßwein umgeben: Die Wallfahrtskirche Maria im Weinberg *in der Nähe von Volkach mit den Leidensstationen, die durch die Weinberge führen.*

Seite 161:
Der Ursprung der fränkischen Nationalfarben Rot und Weiß: Weißwein und Rotwein, kredenzt beim Volkacher Weinfest vor dem Rathaus. In Probiergläsern mit dem fränkischen Maß «ein Maul voll» oder im Bocksbeutel zu 0,7 Liter.

Seiten 162 / 163:
Idylle direkt neben der Großschiffahrtsstraße: Ein toter Nebenarm des Mains in der Nähe von Fahr, *der biologisch aber ziemlich lebendig ist.*

Seite 164:
Von Rotterdam bis ins Schwarze Meer: Der Main *bei* Kitzingen *(oben) und die Schleuse von* Thüngersheim *(unten). Der Highway für Schiffe soll – nach Fertigstellung des Rhein-Main-Donau-Kanals – noch vor dem Jahr 2000 für den Durchgangsverkehr zwischen Nordsee und dem Schwarzen Meer befahrbar sein.*

Seite 165:
Wenn die Sonne hinter dem Laster versinkt. Der Main in der Nähe von Würzburg.

Seite 166:
Nicht ganz so berühmt wie Pisa, aber genau so schief: Der schiefe Turm von Kitzingen. *Im Falterturm befindet sich das Kitzinger Fastnachtsmuseum.*

Seite 167:
Aus den Anfängen der Mainschiffahrt: Der Kranenturm *an der Kaimauer in* Marktbreit, *der aus dem Jahr 1785 stammt und mit seinen Treträdern wieder funktionsfähig restauriert wurde – allerdings nur zur Bedienung durch Touristen.*

Seite 168:
Hier wird das Lied vom Tod stündlich gespielt: Das Neue Rathaus *in* Ochsenfurt *aus dem Jahr 1497. Die Figurenuhr stammt aus dem Jahr 1505. Immer zur vollen Stunde dreht der Tod die Sanduhr in der Hand.*

Gruss von der
Volkacher
SCHLEIFE

FRANKEN
Müller-Thurgau
Franken
1986er Volkacher Ratsherr
Heinz Braun

Die Rhön

Heilige Berge hat Franken reichlich. Heilig ist der Hesselberg, auf jeden Fall das Walberla, und auch dem Moritzberg kann man infolge der Verbindung von Kapelle, Kirchweih und Kanonenrausch eine gewisse Heiligkeit nicht absprechen. Der mit Abstand heiligste Berg in Franken ist aber selbstverständlich der Kreuzberg, der sich mit Ach und Krach gerade noch auf fränkischem Hoheitsgebiet befindet. Fast kann man von dem 928 Meter hohen Gipfel mit einem Stein nach Hessen werfen. Die Rhön, das Grenzgebirge, gibt es in drei Ausführungen: Fränkisch, Hessisch und Thüringisch.

Der Kreuzberg ist der höchste Berg im fränkischen Teil der Rhön. Seinen Heiligenschein bezieht das Dach der fränkischen Welt auch aus der schönen Zweisamkeit von christlicher Bruderschaft und Brauerei. Seit dem Mittelalter sind auf dem Kreuzberg Franziskanermönche ansässig und brauen ein dunkles Bier, dessen heilsame Wirkung von Wallfahrern aus ganz Franken gerühmt wird. Was sonst noch heilig ist auf dem heiligen Frankenberg, wo um die drei Kruzifixe der Wind pfeift, wo unten im Tal der Turnvater Otto Feick das Rhönrad erfunden hat, wo im Sommer die Omnibusse durch's Naturschutzgebiet fahren und im Winter Langläufer durch die Loipen hecheln?

Nach einer gründlichen Rhönwanderung schrieb die Nürnberger Schriftstellerin Irene Reif in ihr Tagebuch: «Eine merkwürdige, fast unwirkliche Stimmung auf dem heiligsten der Frankenberge. Angetrunkene und ein Bus voll Nonnen. Ihnen folgend wird alles zur Szene, zur unwirklichen, fast unfaßbaren... Die Rhön hat viele Rätsel. Im nobleren Gasthaus des Klostertrakts sitz ich am Fenster, trinke das dunkle, etwas süße Mönchsgebräu und schau hinaus auf die Hochfläche des Dammersfelds, Gelände des Truppenübungsplatzes Wildflecken. Wieviel Rhöndörfer sind seit 1938 gestorben, wieviel Herzrhön ging verloren. Deutsche Wehrmacht, Amerikaner, Bundeswehr, Nato, Panzer und Granaten.»

Von den Schießwiesen einmal abgesehen profitiert die Rhön aber, so ähnlich wie der ehemalige Armenwald Spessart, von der schlechten, alten Zeit. Karge Böden, herbe Landschaft, arme Bevölkerung – das bedeutete späte Industrialisierung, wenig Business und viel Ruhe im fränkischen Grenzgebirge und drumrum. Sanfter Tourismus wird das heute genannt und mit Gold aufgewogen.

Der jüdische Minnesänger Süßkind von Trimberg klagte noch: «Drum weinen meine Kinder sehr/ Ob wenig Trank und Essen/

Und selten werden sie so satt/ Wie gern sie's werden möchten.» Und heute loben die Prospekte: «In einer abwechslungsreichen Landschaft vor den Weinbergen in Hammelburg bis zu geheimnisvollen Vulkanseen bietet aber auch die Küche dem Rhön-Touristen alles, was den Gaumen erfreut.»

Wo man die geheimnisvollen Rhönberge, Hochmoore und Seen mehr ahnt als sieht, in Bad Kissingen zum Beispiel, da hat die fränkische Küche schon die Gaumen ausgesprochen nobler Touristen erfreut. Tacitus hat die Gesundbrunnen gerühmt und der Würzburger Bischof Friedrich Carl von Schönborn ließ die Heilquellen von seinem Hofbaumeister Balthasar Neumann in vornehme Architektur fassen. Später kümmerte sich Bayernkönig Ludwig I. um den Ausbau des Bades, das im 19. Jahrhundert von der großen weiten Welt heimgesucht wurde: Fürst Bismarck gehörte zu den Gästen des fränkischen Heilbades, Kaiser Franz Joseph und seine Elisabeth, Theodor Fontane, Adolph von Menzel, der Zar Alexander, Lenbach und der König von Württemberg.

Die High Society von heute fährt, wenn die Galle zwickt, nicht mehr so zahlreich an die Saale oder gar in die Rhön. Glücklicherweise, meinen die weniger erlauchten Wandersleute, und stapfen einsam über Hochmoore und Bierberge durch den immer noch sehr rauhen Wind der Rhön.

Ansbach

Hier ist ein geheimnisvoller Mensch von einem Unbekannten ermordet worden

Bekanntlich mutet das Altmühltal wie eine oberitalienische Landschaft an. Niemand weiß genau warum, aber es mutet eben so an. In Franken mutet vieles an wie irgendein angebliches Pendant aus der großen weiten Welt. An der Wiesent mutet es einen wie die Schweiz an, in Würzburg wie in Florenz, am Stadtrand von Bayreuth wie in Paris, in Fürth wie in Mailand und in Bamberg wie in Venedig. Obwohl auch ältere Bamberger nichts von einer Lagune oder gar einem Mittelmeer wissen.

Zur Überraschung der Ansbacher haben die Fremdenführer auch für ihre Residenz-, Haupt- und Garnisonstadt einen Parallel-Ort auf der Landkarte gefunden, nämlich Rom. Ohne mit der Wimper zu zucken wird Ansbach das «evangelische Rom» genannt. Es hängt anscheinend damit zusammen, daß sich der Ansbacher Markgraf Georg der Fromme (1515 bis 1543) der Luther-Lehre gegenüber sehr aufgeschlossen zeigte, die Reformation durchsetzte – was als Stadt-Chef nicht sonderlich schwierig gewesen sein dürfte – und die brandenburgische Kirchenordnung einführte. Seitdem ist fast ganz Ansbach evangelisch, liegt aber nicht wie Rom in Italien, sondern mitten in Mittelfranken.

Die Nürnberger sind auf Ansbach aus verschiedenen kleinkarierten Gründen nicht sehr gut zu sprechen. Erstens ist Ansbach, wie viele andere fränkische Städte auch, entschieden älter als Nürnberg. Schon im 8. Jahrhundert hatten sich im Kolonisationsgebiet der Frankenhöhe fromme Einsiedler ihr Refugium gesucht. Unter anderem ein gewisser Onold, nach dem die Stadt an der fränkischen Rezat noch bis ins 18. Jahrhundert hieß: Onoldsbach. Zweitens ist Ansbach viel kleiner als Nürnberg – es steht zur Zeit ungefähr 490000 zu 40000 Einwohner. Aber trotzdem ist Ansbach die Regierungshauptstadt von Mittelfranken, und Nürnberg ist gar nix. Höchstens die sogenannte Franken-Metropole, was nach Honorar-Konsul oder Dr. h. c. klingt. Dafür kann aber kein Ansbacher was. Wie im restlichen Franken verfügte Napoleon auch hier, daß Ansbach ab dem Jahr 1806 zu Bayern gehört. Damals erhob Bayernkönig Ludwig I. die Markgrafen-Stadt zur Residenz des Rezatkreises und machte daraus den Regierungskreis Mittelfranken.

Ansicht der Stadt Ansbach (früher Onoltzbach), nach Merian.

Für reichlich architektonischen Glanz hatte ein Jahrhundert vorher Markgraf Carl Wilhelm Friedrich (1729 bis 1757) gesorgt. Er ließ erst den aus der Schweiz stammenden Baumeister Gabriel de Gabrieli und danach den aus Stuttgart geholten Leopoldo Retti das Schloß in barockem Pomp ausbauen. Womit der gute Ruf des Markgrafen aber auch schon erschöpft ist. Die weitere Renovierung der Stadt in einem Stil, den man später Ansbacher Rokoko nannte, kostete mehr Geld als der Herr Fürst hatte, und so trieb er die fehlenden Finanzen mit rüden Mitteln in der Bevölkerung ein. Als der «wilde Markgraf» ging er in die Geschichte ein, was für einen streitsüchtigen, gewalttätigen, skrupellosen Bankrotteur noch eine ziemlich milde Bezeichnung ist.

Sein Sohn Carl Alexander (1757 bis 1791) führte, wenn auch nicht ganz so wild, die Politik durchaus im Sinn des Vaters fort. Zur Schuldentilgung verkaufte er erst junge Ansbacher als Soldaten an die Engländer. Fast alle Zwangsauswanderer kamen im Krieg gegen Nordamerika ums Leben. Am Ende bot der Herrscher seine ganze Markgrafschaft zum Verkauf an. Für eine jährliche Rente von 300000 Gulden vermacht Carl Alexander Ansbach den Preußen.

Im Jahr 1883 stirbt in Ansbach ein junger Mann, dessen Leben heute noch Literaten, Filmemacher und Journalisten fasziniert. Durchsichtiger ist deswegen das Schicksal des Kaspar Hauser in den letzten 170 Jahren aber auch nicht geworden. Verwahrlost, sprachlos und menschenscheu ist Kaspar Hauser im Jahr 1828 vermutlich als Sechzehnjähriger in Nürnberg aufgetaucht. Ein Lehrerehepaar nahm den Jungen, der offenbar jahrelang in einem dunklen Verließ bei Wasser und Brot eingesperrt war, in seine Familie auf. Nach zwei Attentatsversuchen holte ihn der Jurist Anselm von Feuerbach nach Ansbach. Vermutungen, daß er als illegitimer Sohn Napoleons oder als badischer Erbprinz ausgesetzt worden war, bestätigten sich nie. Das Gerücht über seine königlich-kaiserliche Herkunft hielt sich aber bis heute.

Am 17. Dezember 1833 wurde Kaspar Hauser von einem Unbekannten zu einem Treffen in den Ansbacher Hofgarten bestellt. Kurze Zeit später kehrt er zurück, taumelt ins Haus und bricht tot zusammen. Als Todesursache stellen die Ärzte einen tiefen Messerstich über der rechten Hüfte fest. Auf einem Stein im Hofgarten, an der Stelle, wo Kaspar Hauser ermordet wurde, steht: «Hic occultus occulto occisus est», hier ist ein geheimnisvoller Mensch von einem Unbekannten getötet worden.

In Spalt, in Spalt, beziehungsweise im südlichen und westlichen Mittelfranken

In Spalt, in Spalt/ Dou wern die Laid goor alt/ Sie kenner nix derfiir/ Des kummd vom goudn Bier.» Dieser sehr schöne Vierzeiler ist in Millionenauflage auf einem fränkischen Bierfilz gedruckt worden und will uns folgendes sagen: Erstens, daß es die Dichtkunst im Fränkischen nicht zu hoher Blüte gebracht hat, mit kleinen Ausnahmen, zweitens, daß im Rangau ein Hopfen wächst, aus dem man ein sehr gesundes Bier braut, und drittens, daß man auch mit einfachen Sachen Freude verbreiten und seinen Lebensunterhalt verdienen kann.

Eine einfache Sache, die dem Leben eines Franken schon viel Freude gemacht hat, ist das Land westlich und südlich des Nürnberger Ballungsraumes. Es ist ebenfalls ein Ballungsraum. Und zwar ballt man dort gern die Faust, weil die Nachbarn in Nürnberg von der Gewerbesteuererhöhung bis zur U-Bahn alles haben, was das Herz begehrt. Und in Herrieden, in Ornbau, in Georgensmünd, Hilpoltstein oder dem bereits erwähnten Spalt hat man nix. Keine richtigen Berge, nur eine lasche Frankenhöhe, keine Romantik, sondern nur Tiefflieger, und überhaupt.

Auf diese Maulereien, die jeglicher Grundlage entbehren, hat in den siebziger Jahren schon die Regierung in München reagiert und den Südwestfranken ein Geschenk überreicht, das sie vielleicht gar nicht so notwenig gebraucht hätten. Nämlich das sogenannte fränkische Seenland, das seit seiner Beschlußfassung im Jahr 1970 inzwischen so gut wie fertig ist. Nach jahrzehntelangem Planen, Bohren, Graben und Planieren ist das Land zwischen Ansbach und Weißenburg ein Seenland geworden.

Wasser hat es dort in Form der Wörnitz, der Rezat, der Altmühl und der Rednitz schon seit ein paar Millionen Jahren gegeben, aber natürlich nicht in dieser schönen, touristenträchtigen Form, von der das zuständige Landratsamt schwärmt: «Drei große Seen und mehrere kleine Weiher bilden das neue Fränkische Seenland. Zusammen ergeben sie eine Wasserfläche von annähernd 25 Quadratkilometer, was immerhin etwa einem Drittel der Fläche des Chiemsees gleichkommt, den man das Bayerische Meer nennt». Also 1/3 Chiemsee als Kunstsee jetzt auch in Franken.

Vorläufig hat das geflutete Land ein bißchen viel von seiner früheren Einfachheit, von seiner Unkompliziertheit und seiner nicht weiter aufregenden Schönheit verloren. Das kommt vor allem daher, daß Stuttgarter und Münchner Kurzurlauber das Gewühl im fränkischen Seenland infolge noch größeren Gewühls vor der eigenen Haustür für Einsamkeit halten und jetzt in größeren Heerscharen die Struktur des Landkreises verbessern.

Aber neben dem Altmühlsee, dem Brombachsee, dem Rothsee, dem Hahnenkammsee, dem Dennenloher See und dem Lentersheimer See haben die Landschaftsplaner noch viel Land stehen lassen, so daß auch noch begeisterte Nicht-Surfer und Menschen ohne Segelschein den gezähmten Westen Frankens ohne weiteres genießen können.

Seite 177:
Fast ein Jahrhundert alt und immer noch der wichtigste Gesprächsstoff am Montag früh nach der Niederlage: Der 1. FC Nürnberg *– von seinen Anhängern gern mit dem Attribut Ruhmreich versehen – wurde im Mai 1900 in der Nähe der Deutschherrnwiese im Westen der Stadt gegründet. Im Jahr 1916 zog der Verein nach Zabo um, Mitte der sechziger Jahre auf das Gelände am Valznerweiher. Mit dem Bau des neuen Stadions (Foto) begann die Stadt im Jahr 1989.*

Seite 178:
Das weiße Gold: Porzellan auf dem Weg in den Brennofen. Selb, *hart an der Grenze zur Tschechoslowakei, ist seit Ende des 19. Jahrhunderts das Zentrum der deutschen Porzellanindustrie. Das Grenzstädtchen, bis zu einem verheerenden Brand im Jahr 1856 ausschließlich von der Weberei beherrscht, wurde durch die Ansiedlung der Firmen Hutschenreuther und Rosenthal wirtschaftlich völlig umstrukturiert.*

Seite 179:
Kunst am Bau am Rande Deutschlands: Porzellan-Firmenchef Philipp Rosenthal, einer der eigenwilligsten und profiliertesten deutschen Industriellen, hatte den Auftrag für die Gestaltung der Fabrikfassade an den Wiener Maler Friedensreich Hundertwasser vergeben. Genau so großen Wert legt man bei Rosenthal aber auch auf die künstlerische Gestaltung der weltberühmten Produkte.

Seite 180:
Bierbrauen wie Anno Seinerzeit: Sudkessel und Brauerei in Heckenhof, *einem Fünf-Häuser-Dorf in der Fränkischen Schweiz in der Nähe von* Aufseß. *In der Kathi-Bräu gibt es das finsterste Bier Frankens und den anrüchigsten Backsteinkäs.*

Seite 181:
Die Rodach *als Kraftwerk: In der oberfränkischen* Teichmühle *arbeiten die Säger immer noch mit Wasserkraft.*

Seite 182:
Fränkische Tracht aus der Spalter *Gegend im südlichen Mittelfranken.*

Seite 183:
Der Fasching in Franken ist zum Fürchten: Allersberger Fleckerlashexen.

Seiten 184 und 185:
Ob Zum Storchen, Zum Meistertrunk, Zum Löwen oder Zur Alten Post – die meisten fränkischen Wirtshäuser erkennt der durstige Mensch durch die weit in die Straße ragenden Ausleger glücklicherweise schon von weitem. Manche der kunstvoll geschmiedeten Wegweiser sind schon über zweihundert Jahre alt.

Seite 186:
Essen in Franken besteht sehr häufig aus Karpfen, blau oder gebacken, aus einer ziemlich kalorienhaltigen Schlachtplatte mit Blutwurst, Leberwurst, Kesselfleisch und einem mehrfach aufgekochten Sauerkraut oder aus Bratwürsten. Die Karpfen in der berühmten Fürther *Fischküche «Walhalla« werden immer noch in reinem Butterschmalz gebacken und bieten deswegen nicht nur einen sehr appetitanregenden Anblick, sondern schmekken auch vorzüglich. Gern läßt man sich zum Abendessen auch eine kalte Vesper servieren. Zur Brotzeit gehören Stadtwurst, roter und weißer Preßsack, geräucherter Schinken, geräucherte Bratwürste und – in Bamberg – auch ein geräuchertes Bier.*

Seite 187:
Von der Hand in den Mund: Ein Metzger bei der Leberwurst-Herstellung, Schinken und Bratwürste in der Räucherkammer.

Seite 188:
Auf einen fränkischen Kopf gehört ein Dreispitz – zumindest beim Trachtenumzug: Der Sonntagsstaat aus Effeltrich *in der Fränkischen Schweiz.*

.FCN Fan-Club
"FOR EVER"
Forchheim/Obf.
FAN CLUB
THE TIGERS
CLUB-FREUNDE
1. FCN
STADELN
CLUBFREUNDE
LINDELBURG
GRÜSSEN DEN
1. FCN

ROSENTHAL AG

N.1

1933

R H

Rats.
Stube
RESTAURANT

Meistertrunk

19 Renoviert 83
Franz Heilmann

Karl, der Kanalgockerer

Mitten in Mittelfranken kann man in dem Dorf Graben, kurz vor Treuchtlingen und ein paar Meter neben der Bahnlinie nach Augsburg und München, besichtigen, was herauskommt, wenn man meint, man könne die ganze Welt kanalisieren. Karl der Große hatte darüber nachgedacht, wie man die Nachschubwege für seine Kriege und Reichsvergrößerungen noch geschmeidiger machen kann. Seine Geografen fanden heraus, daß in der Gegend von Weißenburg die Nordsee und das Schwarze Meer rein schiffahrtslinienmäßig nur fünf Kilometer voneinander entfernt sind. Ein Kanal zwischen der schwäbischen Rezat und der Altmühl – das wäre die Lösung gewesen. Von der schwäbischen Rezat in die Rednitz, Regnitz, in den Main, Rhein, ins Schwarze Meer. Und andersrum: Schwäbische Rezat, Karlskanal, Altmühl, Donau, Schwarzes Meer.

Das gigantische Projekt scheiterte aber schon nach ein paar hundert Meter Schaufelarbeiten. Wegen wochenlanger Regenfälle, hieß es später, und dem dadurch dauernd nachrutschenden Erdreich seien die Arbeiten vernünftigerweise eingestellt worden. Ob der große Karl wirklich so vernünftig war, ist nicht überliefert. Kann auch sein, daß sich die aus den umliegenden Dörfern zwangsverpflichteten Arbeiter an den Kopf gefaßt haben und dem großen Kaiser und seinem noch größeren Plan einfach davon gelaufen sind.

Immerhin blieb von der wirklich großartigen kaiserlichen Idee Großes zurück: ein Dorf namens Graben, ein beschauliches Fischwasser, eine kleine Gedenktafel und der beinahe schon unheimliche Zwang, es alle paar hundert Jahre wieder einmal zu versuchen. Im Jahr 1670 arbeitete der Wiener Kanalnachdenker Joachim Becher erneut an einem Projekt, durch Kanäle erstens die Donau, die Wörnitz, die Tauber und den Main zu verbinden und zweitens dadurch die Niederlande mit Wien. Aber irgendwie müssen die Habsburger wasserscheu geworden sein. Diesmal verschwand der Plan ohne jegliche Grabarbeiten im Dunkel der Geschichte. Und tauchte im Gedankengut von Napoleon hundertfünfundzwanzig Jahre später ungefähr wieder auf.

Nach der Niederlage im Jahr 1812 gegen die Russen und ihren Winter hatte Napoleon andere Sorgen, als über eine Kanalschiffahrt in Franken nachzudenken. Dann allerdings wurde es ernst. Nach längeren Auseinandersetzungen, ob man Main und Donau über die Regnitz, über die Wörnitz, über Schwarzach, Dutzendteich und Fischbach oder lieber doch mit einer Pferdebahn verbinden soll, verfügte

Pittoreske Ansichten des Ludwig-Donau-Main-Kanals.
Der Kanal bei Erlangen, 1852.

Bayerns König Ludwig I. noch im Jahr seiner Inthronisation 1825, daß der königliche Oberbaurat Heinrich Freiherr von Pechmann den Bau eines Kanals gründlich untersuchen solle.

Zehn Jahre später begannen, mit der finanziellen Unterstützung des Bankhauses Rothschild, die Arbeiten zu gleicher Zeit in Nürnberg, Fürth, Doos und in Hirschaid. Als damals 1835 dreitausend Arbeiter mit den ersten Aushubarbeiten beschäftigt waren, dampfte von Nürnberg nach Fürth die erste Eisenbahn Deutschlands. Am 2. Juli 1846 wurde die Einweihung des Kanals am Burgberg in Erlangen gefeiert. Projektleiter Heinrich von Pechmann hatte für das sogenannte Jahrtausendwerk vier Jahre länger als geplant gebraucht, die Baukosten um ungefähr 100 Prozent überschritten und für seine Bemühungen einen Orden erhalten.

Kaiserreich, Republik und das Nazi-Regime hatten sich nacheinander für eine Modernisierung des schon bei der Einweihung veralteten Schiffahrtsweges stark gemacht. Ende der fünfziger Jahre war das Schicksal des alten Ludwig-Donau-Main-Kanals besiegelt: Man betonierte ihn zwischen Bamberg und Nürnberg zu und läßt seither auf dem sogenannten Frankenschnellweg Autos fahren.

Bevor die Betonierer aber ihr Werk in Richtung Donau fortsetzen konnten, wurde der Restkanal unter Denkmalschutz gestellt und erfreut seither Radler, Spaziergänger, Naturfreunde und Angler von der Gartenstadt bis fast nach Neumarkt.

Der neue und nicht nur von Naturschützern stark kritisierte Rhein-Main-Donau-Kanal hat einen etwas anderen Verlauf, aber die gleichen Leiden: fast keiner will ihn, die wirklichen Kosten werden irgendwann einmal von Astronomen festgestellt und ursprünglich hätte der neue Kanal ungefähr im Jahr 1975 eingeweiht werden sollen. Stark zu hoffen ist, daß der dritte und vorläufig letzte Kanal durch Franken auch so schön einwächst wie seine beiden Vorgänger und Generationen von Wochenendausflüglern ihre Freude an ihm haben.

Rothenburg ist kein Vorort von Tokio

Das weiß jedes Kind und jeder Japaner – daß Franken von vorn bis hinten, von oben bis unten, zu Wasser, zu Lande und in der gesunden Luft durch und durch eine hochromantische Angelegenheit ist. Der Höhepunkt dieser fränkischen Hochromantik ist Rothenburg ob der Tauber. Worunter dieses pittoreske Städtchen mehr leidet als es verdient hat. Es geht ihm ungefähr so wie dem Nürnberger Christkindlesmarkt, der ja auch nichts dafür kann, daß er bereits kurz nach seiner jährlichen Schließung am Heiligen Abend nachmittags um zwei Uhr schon wieder für die neue Saison auf Vierfarbprospekten und hochglänzend bis nach Nagasaki und in die Ostoberpfalz verschickt wird.

Also auch wenn man in Rothenburg manchmal vor lauter Blitzlicht und Detonationen der Auslöser meinen möchte, man sei auf einem Schießplatz, und dazu schauen einen hundert Japaner aus Weitwinkelobjektiven fragend an – ein Vorort von Tokio ist die Stadt nicht. Und vom Dornröschen-Dasein mit eingebauter Schlafmützenidylle konnte zum Beispiel im ausgehenden Mittelalter schon gleich gar nicht die Rede sein. Heute übrigens auch nicht. Von wegen Spitzweg-City, Meistertrunk und alle Tage Biedermeier!

Im Jahr 970 ungefähr ließen sich die Grafen von Rothenburg-Comburg auf dem strategisch und auch landschaftlich schön gelegenen Felsen über der Tauber nieder. Anfang des 12. Jahrhunderts waren die Comburger ausgestorben, Kaiser Heinrich V. überließ die Burgsiedlung dem Herzog Konrad von Schwaben. Im Jahr 1274 erhob der Kaiser Rothenburg zur Freien Reichsstadt, 1356 machte ein Erdbeben fast die ganze Stadt dem Erdboden gleich.

Politisch bedeutend, reich, ansehnlich und von der fränkisch-schwäbischen Nachbarschaft respektiert wurde Rothenburg unter der Führung des gewieften Parvenüs und eingeheirateten Patriziers Heinrich Toppler. Der Ratsherr und zeitweilige Bürgermeister hatte sein Geld im Viehhandel verdient und bestimmte am Ende des 14. Jahrhunderts, was Sache war in Rothenburg. Versteht sich, daß während seiner Herrschaft nicht nur die Stadt profitierte. Als Heinrich Toppler am Ende seiner Karriere Bilanz zog, gehörten ihm fast alle landwirtschaftlichen Betriebe rund um die Stadt, über 300 Bauernhöfe, dazu Wälder, Weinberge, Mühlen und Fischwasser.

Viel hatte der Heinrich Toppler aber nicht von seinem Reichtum. Durch seine Geheimbeziehungen zum abgedankten König Wenzel wurde über die Stadt die Reichsacht verhängt, und die Patrizier rächten sich: Der Bürgermeister Toppler wurde wegen Hochverrats verurteilt und starb im Jahr 1408 im Gefängnis.

Nach dem Dreißigjährigen Krieg war die einst so wohlhabende und mächtige Stadt wirtschaftlich am Ende. Erst dann breitete sich über die Butzenscheiben-Stadt der Dornröschenschlaf aus. Den romantischen Rest gaben ihm die Aberkennung der Reichsfreiheit, die Einverleibung ins Bayerische Königreich, die Maler-Streifzüge von Ludwig Richter und Carl Spitzweg – und 1945 die Bomben der Alliierten, die 40 Prozent der Stadt zerstörten.

Daß es als Frankens komplettestes Freilandmuseum wieder aufgebaut wurde – solch ein Vorwurf wird die Rothenburger kaum jucken.

Franken zum Schluß

Man kann ohne weiteres sagen, daß Franken das schönste zusammenhängende Gebiet auf der Welt ist, das nicht zusammenhängt. Die einen Franken sind Schwaben, die anderen sind Hessen, wieder andere stehen, wenn sie aus ihrer Haustür heraustreten bereits in Baden, in Thüringen, in Sachsen oder auf altbayerischem Hoheitsgebiet. Franken wird vom Jura durchzogen, von drei Autobahnen und von keinem sonderlich aufmüpfigen Geist. Ob man ein Land, wenn man es als sein Land betrachtet, lieben kann, ist nicht gesichert.

Der Nürnberger Dichter Hermann Kesten, der in der Nazi-Zeit aus seinem Land hinausgeschmissen wurde und zu einer Liebe am wenigsten Anlaß hätte, hat sein Verhältnis zu seiner ehemaligen Heimat so beschrieben: «Die Fränkische Schweiz war eines der Paradiese meiner Kindheit. Ohne daß mich ein Engel mit dem Schwert aus diesem Paradies vertrieben hätte, bin ich seit vierzig Jahren nie mehr zurückgekommen. Aber wer ist schon ins Paradies zurückgekehrt?... Ich setzte mich auf mein Rad und fuhr den ganzen Tag, an den Ruinen vorüber und an den Schafen, an den Forellen in der Wiesent vorbei, und an den fränkischen Steinzeitbauern, und durch die Städte Forchheim und Erlangen, und als ich endlich müde und staubig nach Hause kam, legte ich mich in mein Bett, und meine Mutter kam zum Gutenachtkuß und sagte: ‹Aber mein Kind, du weinst ja ...›»

Captions in English

Jacket front:
The Kreuzberg, the holy mountain of the Franconians.

Jacket back:
See caption of page 126.

Flyleaf front:
The most impressive aspect of Würzburg: the Marienberg fortress towers high above the old Main bridge.

Frontispiece:
Decorative framework on the Rödelsee gate in Iphofen.

Page 201:
Rural idyll.

Flyleaf back:
One of the tiny, not yet fully consolidated, vineyards in the Steigerwald near Markt Einersheim.

Page 13:
The first German railway locomotive constructed in 1835. (Traffic Museum of Nuremberg).

Page 14:
Fürth: Façades with late classical ornamentation in the Hornschuch Promenade.

Page 15:
The Michaelmas church in Fürth.

Page 16:
Königsplatz, town hall, parish church and Schöner Brunnen (beautiful fountain) in Schwabach.

Page 17:
Idyll in the restored market town of Wendelstein (near Nuremberg).

Page 18:
The old town hall at Lauf, north-east of Nuremberg.

Page 19:
Water-wheel in Lauf on the river Pegnitz.

Page 20:
The tower on the Wassertor gate in Hersbruck.

Page 21:
The castle at Erlangen and the castle garden.

Page 22:
Two canals traverse Franconia from north to south, the Ludwig canal and the Rhine-Main-Danube canal.

Page 23:
Between Grünsberg and Ochenbruck: the castle of Burgthann (12th century).

Page 24:
Farmstead at Fürth in the rural district of Roth.

Page 33:
The houses of Nuremberg along the Pegnitz river.

Page 34:
The heart of Nuremberg: the central market place.

Page 36:
Nuremberg: Turning brings the blessing of children – is stated above the mysterious ring on the Schöner Brunnen.

Page 36:
Superstar among the alleyways of Nuremberg old town: the Weissgerber Gasse.

Page 37:
Nuremberg: View of the square in front of the Tiergärtner gate and towards the castle.

Pages 38/39:
The variegated roofs of Nuremberg – verdigris, sandstone and red brick.

Page 40:
Nuremberg, four weeks before Christmas: Christ Child Market (world famous).

Page 41:
Nuremberg: residence of the burgrave in the castle.

Page 42:
There were many iron-founders in Nuremberg in the Middle Ages, today only a single bronze founder.

Page 43:
A few gems of the founder's art in Nuremberg.

Page 44 top:
Nuremberg: the half-finished congress hall of the national socialist megalomaniacs lined the Roman colloseum with copper.

Page 44 bottom:
Nuremberg: courtyard of the Kaiserburg castle with the 53-metre deep well (centre of picture).

Page 57:
Water-wheel on the Pegnitz near Möhrendorf.

Page 58:
Wooden shack in Forchheim for fish watering (top). The Wiesent river by the weir on the Sachsenmühle (bottom).

Page 59:
The Frankish land beers still widely brewed are generally stored in cellars hewn out of the rock.

Page 60:
Half-timbered house in Forchheim.

Page 61:
The Wiesent above Beringersmühle.

Page 62:
Hiking destinations: the summit of the Walberla, in high-German Ehrenbürg, and the Bläih, in high-German Kirschenblüte (cherry blossom).

Page 63:
The Fränkische-Schweiz (Swiss Franconian) museum is situated in Tüchersfeld.

Page 64:
The castle of Gössweinstein (12th century).

Page 73:
The Rödertor in Rothenburg.

Page 74:
The oriel window of the Jagstheim house in Rothenburg, facing St. Georg, the watch-tower and town hall.

Page 75:
Rothenburg: Councillors drinking parlour.

Page 76:
Watch-tower in Rothenburg (14th century).

Page 77:
Five reservoirs were constructed and ceremoniously inaugurated as a recreational paradise in the Altmühl region within some ten years.

Page 78:
Feuchtwangen: the former collegiate church (top) and the cloister (bottom).

Page 79:
The Hohenlohe castle of Schillingsfürst lies north of Dinkelsbühl (1723 to 1750).

Page 80 top:
Hoheneck castle near Ipsheim.

Page 80 bottom:
Mediaeval fortress in southern Franconia: Spielberg castle.

Page 82:
The old Staufer town of Dinkelsbühl lies on the Wörnitz in western Franconia.

Pages 82/83:
The rock formation of the "twelve apostles" in the Altmühl valley.

Page 84:
Weissenburg was the Roman settlement Castrum Biricianis.

Page 93:
Würzburg personalities carved in stone: Walther von der Vogelweide and Tilman Riemenschneider.

Page 94:
The Zum Falken House by St. Mary's Chapel in Würzburg.

Page 95:
The Scherenberg gate on the Würzburg Marienberg Fortress.

Page 96:
Mespelbrunn castle south of Aschaffenburg in Spessart.

Page 97:
Aschaffenburg with its monumental Johannisburg castle on the Main (1607 to 1614).

Page 98:
Magnolia blossom in the castle garden of Aschaffenburg.

Page 99:
Trees in the Rhön hills, the most northerly range in Franconia.

Page 108:
The parish church of Miltenberg.

Page 101:
The renaissance town hall at Schweinfurt (1570 to 1572).

Page 102:
Industrial Schweinfurt: steel store for the largest ball-bearing plant in Germany.

Page 103:
The kurhaus at Bad Kissingen.

Page 104:
Sunrise over the Rhön hills.

Page 117:
The Hofgarten (castle park) and Orangerie (top) and Residenz (castle) (bottom) in Ansbach.

Page 118:
The Herrieden gate in Ansbach.

Page 119:
Old town scene in Ansbach.

Page 120:
The Pleinfeld gate in Ellingen.

Page 121:
The most important natural resources of central Franconia: hops (near Spalt) and tobacco (near Abenberg).

Pages 122/123:
Bamberg: the four-towered cathedral dates from the mid-13th century.

Page 124:
A part of Limes near Ellingen constructed by the Romans around 180 A.D.

Page 125:
In Bamberg the mediaeval fishing settlement by the Regnitz is still called Little Venice today.

Page 126:
The old Bamberg town hall constructed on piles in the 15th century.

Page 127:
Castle, abbey and the manor house at Banz in the upper Main valley.

Page 128:
Opposite Banz: the Vierzehnheiligen pilgrimage church.

Page 137 top:
The brick built opera house in Bayreuth, the Richard Wagner festival theatre.

Page 137 bottom:
The Hermitage castle on the edge of Bayreuth.

Page 138:
Trash or art? In the Bayreuth Hermitage.

Page 139:
Kulmbach: interior view of the Plassenburg.

Page 140:
The castle of Coburg, place of refuge for Martin Luther from the emperor.

Page 141:
Mediaeval cannon in the fortress of Coburg.

Page 142:
The Kronach fortress of Rosenberg, a Frankish art gallery since 1983.

Page 143:
Lichtenfels is the centre of the basket-making craft.

Page 144:
The Luisenburg in Wunsiedel, a romantic rock labyrinth. Open-air theatre since the 17th century.

Page 145:
Snow in the Fichtel hills.

Page 146:
The "Iron Curtain" in the village of Mödlareuth. Still closed in 1989 (bottom), breached in 1990 (top).

Page 147:
Hof, frontier town between FRG/GDR until 1990.

Page 148:
The church of St. Lorenz in Hof was mentioned for the first time in 1214.

Page 157:
Wayside shrines in Sommerach and Volkach to ensure a good wine harvest.

Page 158:
Frankish wine has been grown by the Main, Saale and in the Steigerwald for over 1220 years.

Page 159:
The Rödelsee gate in Iphofen.

Page 160:
The pilgrimage church of Maria im Weinberg by Volkach.

Page 161:
Volkach. The origin of the Frankish national colours of red and white: white wine and red wine.

Pages 162/163:
A lifeless tributary of the Main near Fahr.

Page 164:
The Main by Kitzingen (top) and the locks at Thüngersheim (bottom).

Page 165:
The Main near Würzburg.

Page 166:
The leaning tower of Kitzingen.

Page 167:
The crane tower on the Main in Marktbreit (1785).

Page 168:
The song of death is played every hour here: the new town hall in Ochsenfurt dates from 1497.

Page 177:
1. FC Nürnberg football club, founded in 1900.

Page 178:
The white gold: porcelain on the way to the baking oven. The German porcelain centre of Selb on the border with Czechoslovakia.

Page 179:
Friedensreich Hundertwasser created the factory front of Rosenthal (top). Porcelain painting art in the factory (bottom).

Page 180:
Beer brewing as in olden times in Heckenhof, a tiny village.

Page 181:
Water-driven sawmill on the Rodach.

Page 182:
Frankish traditional costume from the region of Spalt.

Page 183:
Frightening carnival in Allersberg.

Pages 184/185:
Inn signs in Franconia.

Pages 186/187:
Culinary delights in Franconia.

Page 188:
Costume procession in Fränkische Schweiz (Swiss Franconia).

Key to b/w illustrations

Page 65:
Outside the Würzburg gate in Rothenburg.

Page 70:
Procession of the Nuremberg butchers guild 1568.

Page 110:
The Ludwigs railway outside Nuremberg, 1835.

Page 131:
Certificate form for a craftsman, 1806/1807.

Page 134:
Muggendorf in Fränkische Schweiz.

Page 172:
City of Ansbach.

Page 190:
Ludwig-Danube-Main canal by Erlangen, 1852.

Inhalt